すべてのものは美しい

谷口恵美子

日本教文社

自宅庭にて
撮影　谷口清超

はしがき

すべてのものは美しい、太陽はあたたかく照り、雨は静かに土をうるおし、風はやさしく吹きぬけてゆく。しっかり立った樹木は豊かな森をつくり、貯えられた水は川となって海の魚を養う。

人々は大自然の恩恵を受け、お互いの良さを生かして感謝しながら、常に神の御意《みこころ》に耳をかたむけ、今此処《ここ》に生かされている役目を果してゆく。

このような生活を人々が望むのは、人間が神の子であり、すべての人の中に、すでに美しいものが備わっているので、それを実現したいと願わずにいられない――ということです。

本年は生長の家白鳩会の創立七十年にあたり相愛会・栄える会合同、白鳩会、青年会の全国大会でお話ししたものを出したいとの希望があり、本講話集『すべてのものは美しい』の出版となりました。講話ということには不馴れな私の言葉の中に、少しでも皆様の心に響くものがあれば幸いです。

本のカバーは明治神宮のみどり美しいクスノキの写真を使い、今までスケッチしていたものをカットに用いました。

これからも皆様と共に、生命の尊さ美しさを見出し、讃嘆し、喜び合ってゆきたいと思います。

平成十七年三月

恵美子

すべてものは美しい◆目次

はしがき　1
緑あふれる国　7
神の心に通うこそ　27
すべては国の宝　47
みんな美しい神の子　65
言葉は生きている　87

賞めて称えて　111
そのままの生活　133
自然の声を聞きつつ　153
朝の時間を生かして　177

題字・カバー写真――著者

緑あふれる園

平成十三年・白鳩会全国大会での講話

緑の大切さ

本日は、白鳩会全国大会にこのように会場いっぱいに白鳩会の会員の方たちがお集まりくださり、また海外からも大勢おいでくださいまして、心から感謝申し上げます。ありがとうございます。（拍手）

皆さまも会場の日本武道館にお入りになる前に、緑あふれる北の丸公園をごらんになったと思いますが、本日を迎えるに当たり私は、「この全国大会で、地球における緑の大切さというようなことをお話ししたい」と思いました。そして今、この舞台に座りましてオープニングに臨みましたが、オープニングの画面に、もう十年以上前に私が作りました「緑の風よ」という詩が緑の美しい木々と共に写し出されましたので驚きました。（拍手）

日本の国は青い海に周りを囲まれておりまして、小さい島国のようですが〝緑あふれる国〟でございます。北から南まで長い国ですので、折々に違った花が咲き、果物も種類が多く、いろいろなおいしいものもいただけます。そしてまた素晴らしい人たちがたくさんいらっしゃいますね。それにもまして私たちの国には、天皇・皇后両陛下がいらっしゃいまして、その中心の方が常に〝私の心〟なく、世界の平和と日本の皆さまの幸せをただひたすらお祈りくださり、伝統的なお祭りはもとより大変お忙しい公式行事を心をこめてなさってくださっております。このことにつきましては、いつ思いましても心から感謝したいと思います。ありがとうございます。（拍手）

地球儀を見ますと日本の国はとても小さく、本当に島国だと思われるでしょうが、その日本では地方から都会に出てきた方たちに「あなたのお国はどこですか？」などと尋ねることがありますね。そうしますと、「青森です」とか、「栃木です」とか、

「鹿児島です」とかおっしゃいます。ずいぶん面白いことだと思います。昔、私がブラジルへまいりました時、集まられた白鳩会の幹部の方たちに「あなた方のお国はどこですか?」とお尋ねしました。そうすると、ある方は「私はイギリスです」とおっしゃいますし、別の方は「私はフランスです」、また「私はギリシャです」とおっしゃるのです。ブラジルには世界各国の方がいらっしゃいまして、どこの国の方とはっきり分からない場合もございます。そのような国で生長の家の「人間神の子」の真理が広がり、世界中の皆さんが喜んで喜んで伝道していらっしゃいます姿を見て私は本当に感動しました。

明治神宮の森

私は時々、皇室のお話をしますが、どうしてかと考えてみますと、子供のころのことを思い出します。両親からの教えももちろんしっかりと入っておりますが、私は小学校五年の二学期になって東京にまいりまして、両親と共に明治神宮のすぐ側の、当時、穏田《おんでん》と呼ばれていた所に住むようになりました。今は神宮前と申しますが、ここに住むようになりましてもう六十八年くらいになります。

皆さまは、「あなたのお国は?」とか、「古里は?」と聞かれると、それぞれ出身県をおっしゃるし、五月の連休が続いたりしますとその古里にお帰りになりますが、そういうとき私は時々「私の古里はどこかしら?」と思ったりすることがあります。しかし、もう六十八年も明治神宮の森の側の緑あふれる所に住まわせていただき、四人の子供も東京生まれの東京育ち、そして孫たちも何人かはそうでございますので、その人たちにとってはここが古里ですし、私も今はここが大好きな古里と思うようになりました。

私が小学校六年生の時に、日曜日に校長先生が私たち児童を明治神宮の朝参りに連れて行ってくださいました。毎月か、隔月か覚えておりませんが、朝、清らかな空気の中、玉砂利を踏んでお参りし、どこか広いところで——今、それがどこかよく分からないのですが——明治天皇の御製を書いた紙をその時々に頂き、明治天皇のおおらかな大御心のお話を伺ったのでございます。御製の中では、明治天皇の御製「あさみどり澄みわたりたる大空の広きをおのが心ともがな」、また「さしのぼる朝日のごとくさはやかにもたまほしきはこころなりけり」などというお歌を覚えております。

そのような小学校時代を過ごしまして女学校に入りましたが、小学校の卒業式から女学校の入学式までの間、ぽっかりと時間が空きました。何をしようかなと思った私は、大好きな明治神宮にお参りすることにし、毎朝五時に起きて、玉砂利を踏んで一人、静かな森の中の参道を往復五十分くらいかけてお参りしておりました。今考えますと、何か不思議なことのように思いますが……。時には、広い参道の向こうの方を尾がピンとしたキジが渡って行くのを見たこともありました。そのような静かな環境が私は大好きでございました。

明治神宮といいますと、皆さまは、お正月の参拝者が日本一多いということでご存知だと思います。今年のお正月も三が日で三二六万人がお参りなさいました。そのようなときは、人波に押されてまともに歩けないような状態ですので、荘厳な明治神宮の森の雰囲気を感じとることはできませんので、普通の日にぜひゆっくりお参りしていただきたいと思います。

この明治神宮の森は、明治陛下が亡くなられた後、国民の皆さまがその御徳をしのんで、「ぜひ、東京の地に神宮を」ということになって建てられることになりました。代々木の地は御料地でもありましたが、そのほとんどは不毛な、荒れ地と湿地だったそうです。昔の写真を見ますと、こんなに何もなかったのかと思うほどですが、そこに神宮を造営することになりました。そして、関係者の方々が一五〇年先の神宮の森のたたずまいを考え、国民の多くの方が「献木したい」と申し出られ、実際に献木された木の数は約十万本、九万五五〇〇いくらという記録があるのですが、予想外にたくさんの献木があり、現在は二四七種類の木が植わっています。この神宮の森は、自然林にする計画でしたので落ち葉の一枚も外へ出さないですべて森に返していきます。微生物が分解してよい土にしてくれますので、肥料をやることもなく手入れを少しすればよいということです。

森づくりが始まってから八十年。今は、ほとんど自然林と思われるような素晴らしい緑の森になっています。最近、世界の人たちが地球の緑が減少することを憂えて、地球温暖化を防ぐために緑を増やそうという運動が展開され、会議も行われておりますが、いろいろな国の事情もあってなかなか思うようには進んでおりません。そのような状況の中で、この東京という大都会に人工でこのような緑の森が造られて保持されていますことは、地球の為に素晴らしいお手本となっていると思います。

感動を伝えたい

私は今年の『生長の家白鳩会』新年号の口絵写真に、松と白サギの写真を載せました。昨年の冬でした。ふと明治神宮に行きたくなりまして内苑にまいりました。落葉樹は全部葉が落ちてしまって、池も寒々と静まっておりました。何も写すものがないので、帰ろうかと思いました。その時、池の向こう岸から真っ白い鳥がこちらへ飛んでまいりました。私は驚いてカメラを向けて——その時、二〇〇ミリの望遠レンズを付けていましたが——大急ぎで二枚写しました。そうするとその白サギが私の方へ飛んでまいりまして、すぐ側の松の木に止まりました。私は「きれいな鳥だなあ」と思って眺めていたのですが、その白サギが池の方を向いたまま、いつまでも静かにしているのです。あまりにその様子が神々しくて、「ああ、この鳥は神想観をしている」というような感じを受けました。それであまり動いてもいけないと思い、その場でそっと写しました。私はときどき、何かが待っているような気がしてふと出かけたくなるのですが、この時もそうでした。

私は毎月、白鳩会の機関誌に、「自分が自然の中で感じたこと、感動したことをお伝えしたいな」と思いまして写真を写して、皆さまに話しかけるようにちょっとした言葉を書いています。何しろ素人でございますから、時にはつまらないものもありますが、これからもよろしくおつきあいいただきたいと思います。（拍手）

すべてを生かし合って

さて森の話ですが——。ある辞書で森という字を引いて見ましたら、「木が茂っているところ」と書いてありました。またもう一つの辞書では「木の多いところ」とそっけなく書いてあるのですね。どうも物足りませんので、私は『字通』（平凡社）

という大きな立派な辞典を調べてみました。これは白川静さんという素晴らしい方が編纂された辞典ですが、これには森について、『わが国では、神の住むところ。「万葉」に「神社」を「もり」と訓する』と書いてありました。日本人は――皆さまの地域でもそうかもしれませんが――〝鎮守の森〟と申しまして、神様をお祭りし、そこを森としているのですね。そのように日本人は神様と森と人と一体になって暮らしてきた民族なのだということを、深く思わせていただきました。

そしてまた、何日か前に、この大会に森と緑のことをお話ししたいと思っていました時に、今回発表されます総裁先生のお歌のカセットテープが届きました。そのタイトルが「水と森の歌」でございました。それを聞きながらその歌詞を読ませていただきましたが、すべてが生かし合っている素晴らしい世界のことが歌われており、本当に不思議だなと思いました。

本日は『大道を歩むために』という総裁先生の本がテキストになっておりますので、読ませていただきます。「自然と人間の関係」、八十二ページです。

ふつう自然界というと、水や空気や、動物や植物などを思い浮かべるが、では人間は含まれていないのだろうか。決してそうではない。そうでないと人間は、自然界からハミ出してしまうだろう。人間もまた自然界の中の一生物であって、人間を大切にするには、自然を大切にする心がないと具合が悪いのである。

しかしこのような「生物」としての人間は、主として〝肉体人間〟を考えてのことだが、本当をいうと、自然界の山も川も草も木も、そして国土も、有情《うじょう》非情《ひじょう》（つまり心のあるものもないものも）ことごとく「成仏《じょうぶつ》」であるとお釈迦さんはお説きになった。成仏とは「仏になる」と読む人もいるが、「仏なり」即ち「仏様である」というように谷口雅春大聖師は繰返し教えられた。今は山や川だが、やがていつか「仏になるよ」というのでは、物が時をへて仏になるようで、少々おかしいのである。

だから自然と人間とを別々に考えてはいけない。人間を幸せにするために「自然を征服する」ような考え方をして、山をけずり、森林を切り崩し、動物を殺したり、追い出したりしていると、やがて人間のいのちも傷つけられ、追い立てられ、やがて滅んでしまうからである。

この事実が次第に明らかになってきて、近頃はしきりに「自然保護」が叫ばれているが、これは人々が子供たちにも早くから教えてゆくべき問題である。そうしないと子供たちはつい面白がって花をむしったり、小鳥を追いかけたりする。兎や猫を傷つけたり殺したりして、やがて人を攻撃し出して、ナイフで刺すというようなことまでやり出すこともありうる。

このようにお書きになっていらっしゃいます。すべてのものが仏のいのち、神のいのちの現われなのです。

昨年十二月号の『白鳩』に、私は「花の色は」という詩を書きました。

冬の庭は
花の色もなく

虫の音も消え
すずらん
えびね
はなしょうぶ
いずれの葉も
枯れ色になり
地にひれふす

枯れたように
見える葉は
母のように
あたたかく
新しく芽吹く
若い生命《いのち》をかばい

花ひらくのを
見とどけて
土にかえる

今年の春もちょうどこのような風景でございました。今、私の家の庭ではスズランが咲いております。これは、もう五、六十年前にどなたかから頂いたのを育てながら、増やしてお分けしたりしておりますが、このスズランが白い可愛い花をつけています。その根元には、この詩のように古い葉が冬中ひれ伏して新しいスズランの芽が出てくるのを待っています。私は可愛いスズランの花もきれいだと思いますが、その地にひれ伏している葉の姿にも心をひかれるのでございます。(拍手)

今はIT時代で、Eメールとか携帯電話の利用も多く、便利な世の中になりました。それも結構でございますけれど、たまには足を止めて自然の風景の中の小さな生命をご覧になっていただきたいと思います。(拍手)

『聖使命』新聞の五月一日号によりますと、生長の家ではこの五月から、地球温暖化防止や、多様な生物を絶滅させないため、世界各地の森林の再生を目的とした募金活動をするということでございます。私たちは自分の国だけでなく、世界に目を向けて、人はもとよりたくさんの生物、植物や動物のためにもいろいろな愛念をこめたことをしていきたいと思います。

世界と日本の緑を増やす

先日、本屋で『最高に笑える人生』（新潮社）という曾野綾子さんの本を買いました。その中に「伊勢神宮の今日的な意味」という文章がありまして、それにはこのようなことが書いてありました。

先日、伊勢神宮の参拝をしないか、という話が出た時、たちまち何人かの希望者が集まって、私もその一人であった。勤務先の職員の一人が神職で、ただの観光ではなく、詳しく説明が与えられるなどという機会はそうそうあるものではない。ちょうどその期間日本を訪れていたイエズス会のインド人神父にも、日本の神道に触れてもらいたかったので、私はその人の分も会費を払い込んだ。日程もすっかり決まった後になって、森総理の「神の国」発言が出た。朝日新聞は、鬼の首でも取ったようにその言葉にいきりたって、来る日も来る日もそのことばかりを書き続けたのがおかしかったが、お伊勢まいりの日を変える理由はこちらにはない。神父も私もカトリックだから、神道ではないのだが、それでも信仰のある者はすべて、神仏に対して常に静かな関心を持って当然なのである。

（同書一七三ページ）

伊勢神宮を参拝なさいまして神職の方にいろいろ説明を聞かれ、この方らしくそのことを詳しく書いていらっしゃいますが、大変感動されました。

しかし恐らく外国人は、天皇家の信仰の本山が、どうしてこのような簡素なものなのか、ということに驚くであろう。何しろ、彫刻もなく、塗りもないのだ。しかしもともと神社というものは建物がなかったのだ、ということを聞くとよくわかる。

（同書一七八ページ）

神宮の森（御杣山《みそまやま》）は、自然環境保護の一つの見本であった。みごとな照葉樹林である。木の葉が文字通りきらきら光っている。肥料など人工的なものは何もやらない。道に落ちた落ち葉を森に返すだけだという。

（同書一八一ページ）

自然のままの森はここも明治神宮と同じなのです。

先日、四月二十九日は「みどりの日」という昭和天皇のご生誕百年の日でございました。「みどりの日」といっても今は何の日なのかほとんど忘れ去られているような感じがして残念に思います。その日の『毎日新聞』には、「生命の森　皇居の森」という見出しで詳しく書いてありました。皇居の森には、植物では約一、三六六種、動物では三、六三八種（そのうち昆虫が三、〇五一種）が確認されているそうです。昭和三十七年に昭和天皇のご意向で、皇居内にあるゴルフ場の芝の手入れが行われなくなり、その後、吹上御苑の庭園的管理も中止され、現在のように「できるだけ手を加えないで、あるがままの自然を大切にする」形で維持されて四十年たちました。

そのようなことは存じませんでしたが、昔から植物も動物も昆虫も、すべて生きとし生けるものを大切になさっていらっしゃいました昭和天皇のお姿を拝しますと、私たちも何が大切かということに心を向けていきたいと思います。そして世界の人達と共に手をつなぎ、すべてのものの生命を礼拝し大切にする生長の家の素晴らしいみ教えを多くの方にお伝えしてまいりましょう。ありがとうございました。（拍手）

神の心に通うこそ

平成十年・相愛会・栄える会合同全国大会での講話

美しい本質

皆さま、ありがとうございます。この緑あふれる素晴らしい北の丸公園の日本武道館におきまして、今年もまた大勢の相愛会の皆さま、栄える会の皆さまにお目にかかれまして、大変うれしく思っております。

日本の山々は今、本当に美しい時です。外国では砂漠しかないような国がありますのに、そしてまた次第に砂漠化しつつあるという時に、日本は大変恵まれた美しい国だと思います。その美しい国に住まわせていただき、ありがたいと思いますが、近ごろはいろいろな不祥事が起こり、皆さまもご存じのような少し陰《かげ》ったような日本の姿が現れております。

昨日のメーデーでも、今まではお祭り騒ぎでしたが、不況とか失業者が多いというので、今年のメーデーは「闘うメーデー」ということになったようですね。でも、闘いながら何が得られるでしょうか。私たちは、ありがたいこと、感謝したいことをたくさん見いだしてこそ世の中が明るくなるのであって、闘うことによっては少しも良くならないと思うのでございます。

数々の不祥事にしましても、人間は本来神の子であって、そのような人たちも本当は素晴らしい神の子なのです。ただそれが覆《おお》い隠されていて、実相が現れていないのです。生長の家では「罪」というのは、「包み隠されていること」と教わっています。本来の素晴らしい、美しい本質が隠されているということなのです。本来は皆、神の子で素晴らしいのです。それは自分自身でも本当は分かっているわけですが、それを現し出そうとしない、自覚しないというところに、いろいろの問題が現れてくる原因があると思います。

今、「不況だ」「不況だ」という声が次第に大きくなっていますが、私は本当に日本は不況なのかしらと思います。以前の非常に栄えていた時から見れば、少し下がったくらいのものだと思います。昔は焼け野が原だったのですが、今はありとあらゆる物があふれております。

ただ、ニュースといいますのは、悪いことばかりを言わなければならないという感じですね。テレビのニュースでも、朝の六時にも、七時にも、九時にも、ある人がこういう悪いことをしたという同じようなニュースを、繰り返すものですから、日本中に悪いことがはびこっているような錯覚を起こしてしまうほどです。しかし、良いお仕事をしていらっしゃる方、文化的にも貢献していらっしゃる方、また献身的に素晴らしいお働きをしている方など、さまざまな良いことをしている方がたくさんいらっしゃるわけですから、そういう方たちのことをもっともっとマスコミは素晴らしい言葉の力によってたたえ、悪いニュースよりもまず良いニュースを大きく、しかもたくさん流してほしいと思います。アメリカの高官がこう言ったとか、日本の高官がこう言ったというだけで、その言葉の力によって株や円が上がったり下がったりします。言葉の力というのは、たいへん大切なことでございます。

今は不況だといいましても、テレビで大相撲を見ますと、入場料は安くないのではないかと思うのですが、会場は満員なのですね。ほかのスポーツも、満員なのが多くありますね。私は時々、絵の展覧会や美術館などに出かけますが、結構、たくさんの方々が来ていらっしゃいます。音楽会も盛んですね。そして買い物に行きますと、特に食料品などはあふれています。夕方になったら、この品物はどうなってしまうのかしらと思いますと、捨ててしまうらしいのです。そのような時に「不況だ、不況だ、闘え、闘おう」などと言っているのは、ちょっとおかしいと思います。

人のお役に立つ

私の両親は関東大震災の当時、東京の浅草に住んでおりました。私は関東大震災の時は、母の胎内におり九カ月でございました。両親は焼け出されて、母の里の富山県の高岡に逃れました。本当に身一つで、何も持っていない両親でした。その頃の写真が残っていますが、母の義兄の家で法事があり、大勢の方が写っている写真の中に、生まれたての私を抱いた両親がいます。私たち親子三人は無一物でしたから、人さまにもらった着物を着ているのです。そのような何もない避難民でした。父は義兄から「何か欲しいものはないか」と聞かれた時、「万年筆があったら頂きたい」と申したそうです。そして万年筆を頂きまして、大学ノートのようなノートも頂いて、生まれたての私の育児日記を書いてくれました。その一年ほど書かれた日記を、私は今も大切に持っております。本当にありがたいことだと思います。

父はいろいろと書くのが好きでございましたが、そのような無一物だった人が素晴らしい生長の家のみ教えを皆さまにお伝えし、海外でもたくさんの方々が救われ喜ばれて、今、このように盛んになっております。世の中が貧しく苦しかった当時、父は神様のみ心はどういうところにあるかと考え、人さまのお役に立ちたい、何をすればよいかと絶えず祈りながら、毎朝身を清めて神戸の本住吉《もとすみよし》神社にお参りし、神様にお祈りしておりました。その時に「人間は神の子で完全である」という神示を神様から授かりました。そして、その喜びをどうすれば皆さまにお伝えできるかということで、当時は神戸で会社に勤めておりましたので、夜の時間に『生長の家』誌を書き続け、まだいくらもありませんでした私財をすべて投じて、一千冊の『生長の家』誌を発行されたのが、人類光明化運動の出発点でございました。

本日は『愛と希望のメッセージ』（谷口清超先生著）というご本が、テキストになっております。その一九六ページから読ませていただきます。

人が仕事をする時、何よりも大切なことは、「第一のものを、第一にする」ということである。例えば人が仕事をするのは、金もうけのためか、それとも別の目的のためかを考えてみよう。多くの人々は「金もうけ」を人生の目的と考え、それによって自分や家族を養うのだというかも知れないが、では別に「今の仕事」でなくて、別の仕事でも、何だって金銭にありつけばよいということになるだろう。ところが人は、何の仕事でもよいとは、決して思わないのである。

即ち、人間が仕事をするのは、金儲《かねもう》けのためではなく、「その仕事」の中に意義があるからである。今までの行きがかり上、仕方なくこの仕事を続けているという人がいても、「続ける」以上は何かの意義をみとめているのであって、大の大人が、意味もないくらしを、そう長々と続けることなど、できるものではない。

そして又今の仕事に意義があるのは、その仕事を通して何か人々のお役に立っていると思うからであろう。もしそうではなく、世の中のためにはならないが、仕方なくやっているというのなら、別の役立つ仕事に変えなければならない。例えば人からたのまれて「金をやるから誘拐《ゆうかい》してくれ」とか「金をやるから殺してくれ」などという時は、これは仕事とはいえまいが、断然断るべきだ。「自分の恨みのために殺す」でもダメである。

即ち仕事の第一義は、実をいうと金もうけのためなどではなく、人々やお国のために役立つからであり、そこから自然に金銭も支払われ、家族や自分の生活も成り立つということになる。従って、仕事の途中、「金儲け」と「人々へ役立つ」正義とが対立し、一方を立てれば他方が立たぬ、あるいは引っこむということになった時は、いさぎよく「役立つ」方をとらなければならない。ところがこの時、第一のものを第一とせず、第二、第三の情実とか、行きがかりとか、メンツとか金銭とかを第一にしてしまうから、失敗するのである。

これは企業でも政治でも、伝道でも、教育でも皆同じことである。人々に役立つということは、そこに神意があるのだ。神は全ての人を幸福であるように作っておられるのであるから、この神意に従って行きさえすれば絶対間違いはない。たとい一時的に、金儲けがへるようでも、減った以上が又別のところから必ず補われる。その補充は神に由来するのであるから、神への信仰のパイプは、常に広く大きく開いておかなければならない。

これに反して、神への不信をつのらせ、金銭や名誉への物的信仰に切りかえてしまった者は、「ここから金が流れ出る」と思ったパイプがとざされてしまったり、「名誉や地位が出てくる」と思った〝打出《うちで》の小槌《こづち》〟が、実は張りボテの偽物《にせもの》であったというような悲哀を、必ずかみしめる。大地を打つ槌《つち》が外れても、この「神との契約」が破棄されることは、断じてないのである。

このように総裁先生は、お書きになっています。生長の家は一冊の『生長の家』誌から始まりまして、『生命の實相』が書かれ、多くの聖典や聖経が出されました。総裁先生もたくさんのご本を書かれていらっしゃいますが、どのご本のどのページを開きましても、人間の正しい生き方が書かれております。

そして今は、外国でもたくさんの生長の家の翻訳本が出ております。現在、翻訳されているご本は、ポルトガル語、英語、スペイン語、韓国語、中国語、ドイツ語、フランス語の七カ国語のものでございます。今日もブラジルの方が多数いらしていますが、ブラジルはポルトガル語なのですね。それで、昨年のポルトガル語の聖典の頒布数は、どのくらいと思われますでしょうか？　九七万九六二〇部でございます。けたを間違えているわけではありません。素晴らしいですね。

このように各国に生長の家の「人間・神の子」の教えが広まっていますが、ブラジルのサンパウロ市では、昨年、市議会が「生長の家は本当に素晴らしい、なくてはならない教えである」ということで、八月五日を「生長の家の日」とするという決議をしました。また、ブラジルの全国大会は日本語とポルトガル語と別々に行われていますが、昨年、日本語の相愛会・白鳩会合同全国大会には三、七〇二人、ポルトガル語の大会には九、〇八四人が集まりました。青年会も素晴らしく、ポルトガル語だけで行われている青年会全国大会には八、二二六人が参加しました。これは、不自由な時代に谷口雅春先生が何回もご巡錫《じゅんしゃく》され、そして総裁先生、副総裁先生のご巡錫が大きな力となって実現したことだと思います。

ブラジルでは当初、日系人だけで始まった生長の家の運動が、今は日系人以外の人の方がずっと多くなっています。これは、ブラジルではひとえに日本人が大変信用され、尊敬されていたからではないか、と私は思います。

私はかつて主人のお供をしてブラジルに三回まいりましたが、第一回の時、当時、青年会長をしていらっしゃいました本田諌雄さんという方のお話の中に、次のようなことがありました。

その方は非常に貧しくて、生甲斐のない生活をしていらっしゃいましたのに、生長の家に触れて喜びあふれる生活になったのです。その方がある日、写真店を開きたいというので、サンパウロの街を歩いていらっしゃいますと、街角に「ちょうどいいなあ」というお店が見つかったそうです。それで、ブラジル人の家主さんに「ここを貸してくれませんか」と言いますと、その家主さんが「あなたは日本人ですか?」と聞くので、「日本人です」と答えましたら、「ああ、日本人なら貸してあげよう。ほかの国の人なら貸してあげないんだ」と、その家主さんが言ったというのです。そのようなことで、お金もそんなになかったのですが、借りることができた、というお話を聴きましたことを、私は今も忘れません。

そのように日本人は非常に信頼されていたのです。一世の方たちは貧しい中で開墾したり、大変なご苦労をなさいました。でも、日本人としての誇りを常にもち、天皇陛下と皇后陛下のお写真を飾り、正直に、誠実に、勤勉に働かれ、ブラジルに大変な貢献をされてきたのです。それは各地で市長を訪問しました時にどの方も「日本人のおかげです」と言われましたので良く分かりました。

日本人らしく

このごろは、いろいろな少年の事件がありますと、父親は何をしているのだろう、顔が見えないなどと言われます。しかし、国の中心は天皇陛下であり、家庭の中心はご主人であることは間違いありません。

日本の国は、いにしえには男性は日子《ひこ》、女性は日女《ひめ》と言われました。男女ともに尊い神の子である、というのが日本の思想でございます。その役目は違いましても、命の尊厳性は同じなのです。そのところを間違えて、何でも平等なら良いということでは、国も家も治まらないと思います。

海外に行かれる方は、パスポートを持っていらっしゃるのでご存じでしょうが、日本のパスポートの表紙の真ん中には十六菊の御紋が描いてあります。その中心にしべがあり、十六方向に花弁が整然と並んでいる美しい菊の御紋です。天皇陛下の御紋は、菊の御紋でございます。この中心帰一の美しい御紋の上には「日本国旅券」と書いてあり、その下には「JAPAN」「PASSPORT」と書いてあります。この「JAPAN」というのは、私は「NIPPON」と書いてほしいと思います。このように美しい日本の中心帰一を表している菊の花、そして日の丸の美しさ――これはどなたも美しいと思われると思いますが、私たちはこの日本の精神を大切に守っていきたいと思います。

戦後、アメリカに占領されまして、明治憲法も教育勅語もなくなってしまいまして、そのような日本の基本的な精神、美風が薄れていき、現在はご存じのように生徒は先生に反抗したり、先生はまた校長に反抗したり、非常に乱れてきております。何でも人権を大切にし、自由だ、平等だという思想では、まとまらないわけです。

以前は、天皇陛下のお生まれになりました日は「天長節」といって、私たちは学校でお祝いしました。けれども戦後は、国民と同じ「誕生日」といわれるようになりました。明治天皇のお生まれになった日も「明治節」といって、私たちはやはり学校でお祝いの歌を歌ってお祝いしました。その日は今、「文化の日」といわれています。そして、慈愛深い昭和天皇さまがお生まれになった日は「みどりの日」というのです。このような何か訳の分からない日本になっていることは、悲しいことだと思います。

昔は、天皇陛下に対しましてはきちんと敬語を使っておりましたが、このごろは非常に不思議な物の言い方をしています。NHKでも新聞などでも、天皇陛下のご動静を伝えているときにところどころに敬語を使わないのです。ついこの間も、「天皇陛下は葉山から戻って」と言うのです。「戻られて」とか、「お戻りになって」と言えばいいものでしょう。それを「戻って」と言うような使い方が、あちこちに見られるのです。

敬語というのは、日本独特の言葉なのです。それを天皇陛下ではなくて、誰に使えばいいのでしょう。それでいて、芸能人に「○○さんが今お戻りになりまして」などと敬語を使うのです。そういうことも私たちは、きちんと改めていきたいと思うのです。

先日、四月二十九日は昭和天皇のご生誕日でした。私の家では門に国旗を掲げました。緑がいっぱい庭にあふれていまして、お休みでした主人に「今日は〝みどりの日〃というのですよ。本当に緑が美しいですね。でも、どうして〃みどりの日〃に国旗を立てるのか、と思う人がきっといるでしょうね」と言ったのです。しかし、それどころか、最近は国旗を立てないのですね。ただ「みどりの日」というから、訳が分からなくなってしまっております。

ところで、三月五日の『産経新聞』の「10代の声」欄に、このような投書がありました。

「明治天皇」削除　言葉狩りでは!?

高校生　鈴木　亮　18
（東京都足立区）

高校のPTA新聞からの依頼で、「進路が決まって」という作文を書いた。大学へ進学するにあたり、今の心境をありのままに書いた四百字程度の文章である。

そのなかで私は、本から知った明治天皇の和歌を引用した。それは「いかならむ事にあひてもたゆまぬはわがしきしまの大和だましひ」というものである。これからの四年間の私の励みともなると思って引用した。

ところが後日、ＰＴＡの編集の方から「明治天皇」の四文字を削除するといわれた。その理由は、不特定多数の人が読む学校のＰＴＡの新聞に「天皇」はよくないからとのことである。歌の内容が問題ならば、別の歌にしてもよかったのだが、「明治天皇」が気に入らないらしい。

私は、この歌が好きだから引用したのである。それをＰＴＡ新聞の編集委員の方の勝手な思い込みで削除するというのは、いわゆる言葉狩りであり、納得できない。

文章というものは、それを書いた人間の個性が最もよく表れるものである。いわば、作者の分身である。それを削除したり表現を改めたりするのは、その作者の人格の否定ではないか。

それにしても、なぜ「明治天皇」がいけないのであろうか。

皆さま、どう思われますか。日本人の顔をしながら、このようなＰＴＡの人や教師が若い人たちに真実を教えることを拒《こば》み、そしてごまかすことを強要するということがあちこちにあるわけです。仕方がないといってすましてはおられないと思います。

明治天皇はたくさんの御製を詠《よ》まれました。ご在世中に九万三千首以上のお歌を詠まれたのですね。そのお歌を拝読いたしますと、人間は素晴らしい神の子であり、どのように生きていけばよいかということが、ひしひしと身にしみるようなお歌がたくさんございます。このようなお歌がございます。

めにみえぬ神のこころにかよふこそ人の心のまことなりけれ

私たちはこの素晴らしい日本に生まれさせていただきましたことを感謝し、そして日本の国がどうすればもっと良くなるかを真剣に考えて、感謝の心を忘れずに日々の生活を行じていきたいと思います。

先ほどは地球の環境が良くなる機械をおつくりの方のお話がございましたが、最近、私の夫は毎日、自動車には乗らないで自転車に乗ったり、歩いたり、バスに乗ったりして、地球を汚さないようにしております。そして「夏は暑いから台所ぐらい冷房をつけてほしいわ」と申しますと、夫は「夏は暑いものだ」と申します。

私はたくさん花を育てていますが、植木鉢にやるお水は全部雨水をためております。以前アメリカから来た孫が、水道をひねって「この水、飲める？」と聞いたのです。「飲めるわよ」と言ったときから私は、飲める水でぞうきんを洗うなんてもったいないと思いまして、私の家では雨水を使う工夫やいろいろなことをしています。

皆さまもどうぞ、地球環境のこと、そして日本の国の繁栄を考えて、日々小さなことから良いことを実行していただきたいと思います。よろしくお願いいたします。

すべては国の宝

平成十二年・相愛会・栄える会合同全国大会での講話

お花は神様

皆さま、ありがとうございます（拍手）。今年もこの緑豊かな素晴らしい五月に相愛会の皆さま、栄える会の皆さまにお目にかかれまして、大変うれしく思っております。皆さま、ようこそお越しくださいました。ありがとうございます。

今、五月になりましたが、東京では四月は最もたくさんのお花が咲く時期でございます。春分から毎日夜明けが早くなり、朝起きる度に明るくなってまいりまして、それがとても楽しみでございました。私たち夫婦は毎朝五時十分から神想観をしておりまして、いつも五時五分前に起きておりました。ところが先日、主人が「今の時間だと五時十分にはちょっと遅れるので、もう五分早く起きよう。だから明日から四時五十分に起きる」と申しました。私は「はい」と言って、それから四時五十分に起きておりますが、とても余裕ができてありがたいと思っています。今は五時ですと、もう明るくなっていますが、真冬は真っ暗でございます。

私たちは二階で休んでおります。私の家は昔、「お山」といって、坂を結構上がっていきますので、周りで一番高い所にある感じでしたが、今は周りを五階、六階建てというビルに囲まれてしまいました。それでも南東の所は空いていて、朝二階の雨戸を開けますと、真冬には真っ暗な中に三日月が美しく光り、その横に大きな星が輝いていることがあります。そうして毎朝、雨戸を開けていますと、やはり真っ暗ですが月も星も少しずつ動いて、お互いに離れたり西のほうへずれていったりいたします。それを眺めまして、「私も地球という星の上に乗って、こうして動いて生かしていただいているのだなあ」と思いますと、そのお月さまも、お星さまもお友達のような感じがして、毎日、真っ暗な朝を楽しんでおりました。

そして四月になりますと、若葉が見る見る開き始めました。私の家にはモミジの木が何本かありますが、その若葉が開きかけますと、小さな花が咲きます。そのころに訪れた方に、私が「モミジの花がきれいですよ」と言いますと、「え？　モミジに花が咲くのですか」と驚いていられました。そのようにモミジの花といいますと、時々驚かれる方がありますが、赤い小さな花がかんざしのようにぶら下がって咲くのです。皆さま、ご存じでしょうか。私はこのような芽ぶきのころのかわいい花が大好きなのです。

四月の初めにはよく雨が降りましたが、すると「今日は雨ですね。早く雨がやんで良いお天気になるといいですね」と言う方もありますが、私は緑が大好きですので、「いい雨ですね。ここのところ雨が降らなかったから街路樹が喜んでいるわね。こんな雨のことを〝芽だし雨〟と言うのですよ」と言って、とてもうれしい気持ちになります。そのようにすべてうれしいこと、良いことを思いますと、何もかも楽しくなるのです。

四月には新入生や新入社員の方たちが、少し不安なような、また希望に燃えた気分で街を歩いていらっしゃるのを見かけます。私の家でもこの四月に、生長の家の養心女子学園を卒業した人が来ました。その人に「あなたはいつから生長の家ですか」と聞きましたら、「私は母のお腹の中にいる時からです」と言いました。私は、とてもうれしく思いました。

四月初め、お花がお庭にいっぱい咲いておりました。うちの庭は、ほとんど半分が自然な感じの庭でございます。「四月のうちには、ほとんど一年中の花が咲いてしまうのよ。五月になるとツツジとか、割と少なくなりますから、どのくらい咲いているか、一緒に見ましょう」と、その人と庭に出ました。「きっと一遍には覚えられないから、メモを持って書いていきましょう」と言って、私は十五種類くらい咲いてるかしらと思っていました。ところが、自然に咲いたような小さなスミレやヒトリシズカ、ハコベのようなものも数えましたら、二十七種類も花が咲いていました。どれも皆、かわいいお花ですね。

皆さまはご存じかどうか分かりませんが、奥さまが白鳩会員でいらしたら、ときには白鳩会の機関誌をご覧になることがあるかと思います。私はその機関誌の口絵に毎月、写真を載せさせていただいております。平成元年から十二年目になりますが、毎月毎月その月のお花というとなかなか難しいですが、一年前とか二年前に撮った写真の中から選んで載せて、ちょっとした言葉を添えております。私はそういうことが大好きなのです。いろいろなお花を見ますと、それぞれがどうしてこんなに違うつくりなのかしらと思います。規則正しく五枚の花びらには五本の雄しべがあり、六枚の花びらには三本の雄しべがあります。それぞれ不思議なくらい違う、個性のある美しさなのです。それで私は「お花は神様なのだわ」という感じがいたします。

私の住んでおります所は原宿ですが、この街は昔は本当に静かな住宅地でごみ一つなかったのです。今は若い人がいっぱい歩いておりまして、仮装行列のような状態です。皆さん、似たような格好をして歩いているのです。そういう若い人たちは、自分の美しさというのが分からないのでしょうか。ちょっと嘆かわしく思います。藤の花、椿の花、桜の花一つ一つが違い、皆それぞれに美しいのを見ますと、そういう若い人たちには自分の美しさに目覚めてほしい、とよく思います。

父親は毅然と

また、私は普及誌の『白鳩』に毎月、それから白鳩会と青年会の機関誌に隔月で詩を書いております。この間、『白鳩』の五月号に書きました詩に、このようなものがあります。「朝の音」という題です。

一粒もこぼさずに
お米をとぐ

さくさく　ざくざく
お米をとぐ音
幸せの音

白米よりも
七分搗《づ》きの方が
頼もしい

一粒もこぼさないで
神棚にお供えして
榊《さかき》の水を替える

孫たちも　そろい
朝六時半
おまいりの
柏手《かしわで》がひゞく

これが私の家の朝の音でございます（拍手）。毎朝、お供えのために一カップのお米をとぐのです。その時、私はありがたいなと思ってお米をとぎます。そして「幸せの音だなあ」と思うのです。私の若いころは戦争中でございまして、こんなきれいなお米を、とぐことも食べることもできなかった、という思いもございますが、「生かされているのだなあ」と思うのです。「だれかがお米を作ってくださったから、毎日こうして頂ける」と感謝しながらとぐのです。この音が、私にとっては「幸せの音」なのです。

この間、そんな話をしていましたら、ある編集の方が「どうしてご飯を供えないで、お米を供えるのですか」とおっしゃいました。私の家は朝はパンを頂いておりますので、ご飯はお昼に炊いたときに仏様にお供えするのです。でも神棚はお米とお水をお供えし、榊のお水を替えます。そして「孫たちも　そろい／朝六時半／おまいりの／柏手がひゞく」。これが、ずっと続いている私どもの「朝の音」でございます。

そのお米をとぐときのことですが、ときには一粒か二粒逃げていきそうになるので、一粒一粒こぼさないようにしています。そして、私は母から聞いた話を思い出すのです。母は十一人きょうだいの十番目でした。今はそういうことはないでしょうが、その当時、家族は皆、それぞれにおはし箱を持っていて、子供たちのおはし箱にお父さまが「一粒一粒これ農苦」という字を書いてくださっていたそうです。「一粒一粒のお米は、農家の方のご苦労によって作られたのですよ」というお諭《さと》しだったわけですね。そのようなことを思い出します。

そしてまた、母からはそのお父さまのことをよく聞きました。「お父さまは正義感の強い方で、正しいことが大好きな方だった」と、母はとても尊敬して父のことを話しました。でも、母は十一歳の時にその父を亡くしているのですね。ですから、お母さまがお父さまのことを「こんなに立派な方だったのよ」と話して聞かせられたのがほとんどではないかと思います。

その中の話で一番上のお兄さまが小さい時に、どこかからビー玉を一個持って帰ったというのです。それで、お父さまが「それはどうしたのだ?」と聞かれると、どこかにあったのを取ってきた、と言いました。すると、お父さまは怒って「何ということをするのだ。そんな、人の物を取ってくるなんて許せない」と言って、そこにあった刀を抜いたというのです。その当時は床の間に刀掛けがあったのでしょうか。その私にとっての祖父はお殿さまの剣道の先生だったそうです。そのように当時の父親は毅然《きぜん》としていて、悪いことは許さないという態度だったようです。そういう話を私は覚えております。

母のお父さまは五十二、三歳で亡くなったのですが、助役をしていらして、いろいろ頼みに来る方があり、ときにはお菓子箱の下にお金が入っていたりしたことがあったそうです。それを見ると、お父さまは「よくもおれを見損《みそこ》なったな」と言って、その菓子箱を玄関に蹴落としたという話も聞きました。今は汚職などいろいろありますが、そのように正しいお父さまによってきちんと育てられた時代もありますし、母もそういうことをとても誇りに思っておりました。

これは主人から聞いた話ですが、主人の父は裁判官をしておりましたが、この方も大変正しい方で、スプーンの先が曲がってても、犬のしっぽが曲がってても気に入らない人だったと聞きました（笑い）。でも、うれしいですね、こういうお話は。今は父親の影が薄いなどと言われる時代ですが、やはりお父さまが毅然として、正しいことを正しいとお伝えになることが、まず第一に大切だと思います。（拍手）

すべてが国の宝

またお米の話ですが、昭和天皇がいつも国民のことをお思いになり、また代々の天皇が国民をわが子のようにお思いくださり、常に国のこと、世界のことを思っていらっしゃるのは、皆さまご存じの通りでございます。それで昔、祭日に神嘗祭、新嘗祭というのがございましたね、皆さまの半分くらいの方は、よくご存じと思いますが……。その神嘗祭の時の昭和天皇の御製に、このようなものがあります。

新米《にひよね》を神にささぐる今日の日に深くもおもふ田子《たご》のいたづき

農家の人のご苦労を深く思うという御製です。この日に勅使を伊勢皇大神宮にお遣わしになりまして、新しくできたお米をお供えになります。そしてまた、新嘗祭は新しく取れた米のご飯を、天皇ご自身が神嘉殿《しんかでん》で八百万の神におささげになるのです。

日本は古来、瑞穂《みずほ》の国といって、日本人はお米を大切にし感謝して暮らしてまいりました。それがアメリカに占領されまして、そういう尊い日本のお祭りというものが抹殺されました。それで新嘗祭は今、勤労感謝の日という、何をする日かよく分からない日になっております。

今上陛下がご即位になられまして十年の記念に『道』（宮内庁編）という本が、NHK出版から発行されました。立派な分厚い本ですが、それには天皇・皇后両陛下が十年の間にいろいろのことをなさいました、その時々のお言葉が載っております。たくさんの外国の方たちにお会いになり、またさまざまな所をご訪問になりながら、どのようなお気持ちでお話になったか、ということがよく分かります。そして、天皇陛下でなければおできになれないご公務がとてもたくさんあり、それが数々書いてありますが、非公式な祭典というのもあります。それは、私たちが目にすることができませんが、そのことについて今上陛下が、記者からの質問に対する文書でのご回答として、このようにお書きになっております。

皇居の中では数々の非公式な祭典が行われ、私どもは、その度に、古くから伝わる装束を身につけ、皇祖天照大神をお祭りしてある賢所、歴代の天皇と皇族をお祭りしてある皇霊殿、国中の神々をお祭りしてある神殿にお参りします。また、私は毎月の一日にも旬祭が行われる際、この三殿をお参りしています。なお、象徴的な意味で、皇居の中で、私は稲の種まき、田植え、稲刈りをし、皇后は養蚕をしています。

また本の終わりの方には、「御日程録」として、いつ、どのような行事にお出になったかということが載っています。作家の曾野綾子さんが、この「御日程録」をご覧になりまして、このように言っていらっしゃいます。

私のような俗物が驚くのは、巻末につけられたご日程の凄まじさである。（中略）

土曜日も日曜日もない日程もざらだ。

しかし世界中の人々が、皇居にお招かれしたことを喜んでいる。社会主義国の「偉い人」が、総理とお会いしたことより「両陛下にお会いできたこと」を手放しで喜んでいる様子を何度か見たことがある。（中略）どうして社会主義国の人が、天皇にお会いして喜ぶのだろう、と一瞬言いたくなるのだが、「どこの国も変わりなくお迎えすることが大切」と陛下は皇后さまに接遇の基本をお教えになられたという。そういう誠実は実によく伝わるものなのだ。

（平成十一年十一月二十三日付『産経新聞』）

このような素晴らしい、愛深い天皇陛下を頂いた私たち日本の国民は、どのようにしたら天皇陛下の大御心に沿うことができるでしょうか。本当にありがたいことだと思います。（拍手）

先日四月二十一日は、朝から雨が降っておりました。土曜、日曜は混むと思いまして、私は金曜のその日、上野の東京国立博物館に日本国宝展の拝観にいきました。十時を過ぎていたので、人々が列をなしておりました。日本の縄文時代、弥生時代、飛鳥時代や鎌倉時代などの書簡、絵画、銅器、陶器、彫金、仏像などいろいろな国宝が飾られてありました。あまり人が多くて、場所によっては二重三重の人でよく拝見できなかったところもございました。けれども遠い日本の歴史を心にきざむことができました。このような所は展示品がいたまないように明るい光線をあてないようにしていますからとても薄暗いのです。

その薄暗い博物館から出ますと、上野公園の雨にけぶる若緑が素晴らしくきれいに見えました。私は高い木々を眺め、立ち止まりました。まだヤエザクラも少し残っておりましたし、足もとにはシャガの群生がありました。「素晴らしい緑の景色！　これも国宝なのだわ」と思いました。そして「私たちも国の宝なのだ」と思うとともに、「きっと天皇陛下は私たち国民を国の宝だと思ってくださっている」という確信を一瞬持ちました。（拍手）

確か古い御製の中に、国民のことを「おおみたから」と詠まれたものがございました。この素晴らしい天皇陛下を頂いた私たち日本人は、神の子の実相をもっともっとみんなで互いに見いだしながら暮らしていきたいと思います。たくさんあります聖典を拝読し、聖経を読み、そして必ず神想観をして神様の子である自覚を深めていただきたいと思います。生長の家のみ教えは世界のたくさんの国々に広まって喜ばれている素晴らしいみ教えであるということに誇りを持って、これからも自然を愛し、そして人々の実相を拝んで暮らしていきたいと思います。皆さまも、よろしくお願いいたします。ありがとうございました。（拍手）

みんな美しい神の子

皆さま、ありがとうございます。今年もこのように、白鳩会の素晴らしい皆さまの優しい笑顔と喜びの中で全国大会ができますことは、本当にありがたいと思います。皆さま、ようこそお越しくださいました。（拍手）

先日、四月二十四日は、母の十二年祭が長崎の総本山で行われました。その日は雲一つなくよく晴れて、山の上の奥津城《おくつき》から見渡します海は真っ青で、とても素晴らしい日でございました。以前、谷口雅春大聖師と谷口輝子聖姉がお住まいの、公邸のお玄関の前の両側に藤の木がありますが、それもちょうど見ごろで、ふさふさと藤色の房が地面まで垂れていまして、そこに黒いクマバチが来て、うれしそうに蜜を吸っておりました。

母が亡くなって、もう十二年もたってしまったのかしら、と思います。本当に早いものでございます。何か短いように思いますが、考えてみますと、十二年前のあの時、母のベッドの周りにひ孫たちが次々と訪れていましたが、その時一番小さかった子は、やっと伝い歩きができて、にこにここにこしながら母のベッドの周りをくるくる歩いていました。その子が今年中学一年になりましたし、当時十二歳だった子は、二十四歳になりました。子供の成長は早いもので、次々と皆、とても元気に、良い子に育っておりまして感謝しております。

今年は夫が傘寿《さんじゅ》になりまして、私も喜寿ということらしく、二人とも「寿」の付くおめでたい年だそうですが、これも何かウソのような気がいたします。しかし、私たちの後に続きまして、息子夫婦達が本当によくやってくれておりましてありがたいことです。孫たちは十六人で、男の子八人、女の子八人です。年長の孫何人かは、生長の家の青年会で皆さまと一緒に喜んで運動しているようでございます。（拍手）

生長の家発祥のころ

ところで生長の家が発祥しましたのは、ご存じのように昭和五年でございました。今年の三月一日は、立教七十周年の記念の祝賀式が本部でございました。もう七十年——これも長いような短いような感じですが、それを振り返りまして、生長の家の発祥を改めてご紹介したいと思います。

昭和五年が生長の家の発祥ですが、その前年のころ、父はみ教えを伝えたいと思いながらも、経済的な余裕がなくて、そのうちにそのうちにと思いながら、忙しく会社勤めをしておりました。母の『めざめゆく魂』の六十五ページからは、次のごとくあります。

前年の昭和四年に、二度目の泥棒にはいられたのを転機として、夫は「今起てよ、今起たん」との決意のもとに『生長の家』の創刊にとりかかった。余裕の少いサラリーマンとして、雑誌の発行は大きな冒険であった。私の心の中には一抹の不安があった。そして口に出して夫にも言ったものであった。けれども夫の決意はもうどうにもならないほど強固なものであった。よしそれほどまでのお心ならば、私も全霊をかたむけて協力しようと、身の引きしまる思いをして誓い合ったのであった。

そのようにして、父は神戸のヴァキューム・オイル・カンパニーの翻訳係として一日八時間、ときには十時間働いて帰りました後の夜半に、一所懸命執筆されたのです。そして夫婦で校正をしたり、印刷所へ頼んだりして、ついに一千部の『生長の家』誌が発刊されました。そのときの喜びを、このようにおっしゃっています。

出来上って来た創刊号一千部、ああ何という喜びであろう。純白の紙、ハッキリとした印刷、表紙に描かれた筋肉隆々とした裸身の男の立姿、その手に高高とかざす灯《あかり》の光よ。その表紙絵こそ内容にふさわしいものであった。一文一字、真理の言葉に輝いていた。この誌を読む人の上に魂の喜びあれ、この誌を読む人々の生活に光明あれ、と祈る夫の願いを、神よみそなわし給えと深く祈るのであった。

このような決意のもと、お二人で新しく出発なさったわけですね。その時、父は三十六歳、母は三十三歳、私は六歳でございました。

先日、生長の家総本山の温故資料館で、この最初の『生長の家』誌を拝見しました。色もあせて触れるのももったいない感じでしたが、それを拝見しまして七十年前のことを思い、感動いたしました。そして温故資料館には、初めてできました黒革表紙三方金の立派な『生命の實相』、それに続いて第二巻の『久遠の實在』も飾られてありました。これは『生長の家』誌が毎月発行されるようになりまして、それを読まれた方たちがとても幸せになられ、その毎月の雑誌をまとめてほしいというのでできた聖典でございました。

お持ちの方はほとんどいられないかもしれません（今は復刻版があります）が、私の家にはそれがございまして、この間、その『生命の實相』と『久遠の實在』を手にしました。七十年前の空気を吸っていたご本だと思うと、何とも言えないありがたい思いでございました。そして、その『生命の實相』の表紙を開きますと、巻頭には「汝ら天地一切のものと和解せよ」という、皆さまご存じの言葉から始まる神示が書かれております。「すべてのものと和解せよ」「すべてのものに感謝せよ」というのが、生長の家の第一声でございます。それがすべてを生かし、皆さま方が幸せになれる根本だと思います。

生長の家が発祥しました、母の好きな「藤棚の家」には、だんだんと人が訪れるようになりました。小さな家でしたので、すぐ近所の境目川に沿った、黒い塀に囲まれた八甲田の家に引っ越しました。その時、私は十歳くらいでしたので、何となく覚えております。ともかく人がいっぱい家に毎日毎日いらしている、という感じでございました。

懐かしい思い出

二、三カ月前でしたか、ある方からお手紙を頂きました。その方は福岡に四十年くらい住んでいらっしゃるのですが、十数年前に生長の家を知らされ、講習会には必ず参加し、ついこの間も教区大会にお友達と行きました、ということでした。そして、いつも私の「心の散歩道」を読んでいます、とありました。そのお手紙を読むうちに、私は「まあ」と驚いたのです。「私は以前、あなたのいらした住吉小学校で同じクラスでした」と書いてあるので、びっくりしました。十歳くらいの時のことで、お名前を見ても分かりませんでした。この方は住吉小学校に四年生の時に転校してこられて、私は五年の一学期が終わると東京に引っ越しましたので思い出すことができませんでした。

この方自身も、「きっと覚えていらっしゃらないと思いお手紙しませんでしたが、喜寿になりましたので一度お手紙を出しましょう」ということで下さったのです。そのお手紙には、私がいつも赤いかわいいお洋服を着ていて、学芸会のときには独唱したのをよく覚えています、と書いてあるのです（拍手）。私は自分のことですのに、全然覚えていませんでした。そして、そのときに歌ったのが、確か「風鈴」と

いう題の歌だと記憶しております、と書いてありました。私はそれも全然覚えがなくて……。（笑い）

それから「風鈴」というのは、どのような歌かしらと思っていたのですが、そうしましたらある日、私が以前、お花を習っていましたときのお友達から小包がまいりました。重たい感じの小包でしたが、その方から小包を頂く意味が全然分からなかったのです。何が入っているのかしらと思って開けましたら、『童謡唱歌のほん』というのが入っていました。結構分厚くて、たくさんの童謡や唱歌が、全部楽譜付きで載っていました。

それで、もしかしてと思って調べてみましたら、「風鈴」というのがありました（拍手）。とてもうれしくなりました。その方はお電話で「突然ですけれど、前に買ったのが二冊ありましたので、あなたにお送りします。ピアノで懐かしい歌を歌ってみてくだい」とおっしゃるのです。偶然にそういうことがあり、それで歌ってみましたら、覚えているような覚えていないような感じでした。

このお花のお友達は、以前に「谷口さん、あなたのところのお話を聴きたいけれど、どこか近くにありますか」とおっしゃって、その方の地区の誌友会をお教えした方なのです。今は九十歳近くなっていらして、あまり外出もおできにならないようなのですが、そういう不思議なことがございました。

さて「風鈴」（川路柳虹・作詞）という歌ですが、皆さまの中には結構年配の方もいらっしゃるので、ご存じでしょうか、こういうかわいい歌です。

ふうりんちりりちり　なりました
赤ちゃんすやすや　ねましたよ
ふうりんちりりちり　なりました
にっこと赤ちゃん　笑います
夢のなかでも　風吹いて
ふうりんちりりちり

なったでしょう

（ＪＡＳＲＡＣ　出0502818-501）

近ごろは日本では子供の数がとても少なくなりまして、子供たちは妹や弟の寝顔を見たり、抱っこしたりという機会がとても少なくなったと思います。ですから、このような光景も知らないし、このような歌も歌わないのではないでしょうか。それで、私はまたふと思い出しました。私、前にこういうような歌を作ったことがあるわ、と思いました。それは「ほほえみて」というのです。

美しきみどり児
母の腕に眠りて
ほほえむ
天使とおどる夢見るか
蝶々と遊ぶ夢見るか

母の腕に眠りて
ほほえむ

美しきみどり児
母は胸に抱《いだ》きて
ほほえむ
尊きいのち見つめて
神の賜物《たまもの》よろこび
母は胸に抱きて
ほほえむ

このような詩を作り、作曲いたしました（拍手）。私はこの世の中で一番美しい光景というのは、赤ちゃんを抱っこして、その寝顔を見てほほえんでいる母の姿だと思っております（拍手）。お乳をたっぷり飲んで、ぐっすり眠っている赤ちゃんを眺めていますと、眠りながらニコッと笑いますね。皆さまもご経験がおありと思いますが…。どうして眠っているのに笑うのかしら、とよく思いました。そして、尊い命を頂いたという母の喜びが、ふつふつと湧いてまいります。また、その時に思い出しましたのは、皇后さまが浩宮さまがお生まれになったときにお作りになった御歌でございます。

あづかれる宝にも似てあるときは吾子ながらかひな畏れつつ抱く

これは皇后さま故におできになる御歌だという方もありますが、生長の家の皆さまは、子供は自分が生んだようでも神様の子である、神様の命を頂いた素晴らしい神の賜物である、という喜びの心でお育てになっていると思います。私の歌ばかり紹介してすみませんが、そのような思いから作りました歌に「母と子のうた」というのがあります。これは、作曲などしたこともなかった私が、最初に作った歌です。

おさな児《ご》のいのち見つめて
すこやかに　気高《けだか》くあれと
あたたかき　母のまなざし
光あふるる

いとし児に父を讃《たた》える
しあわせの　母の笑顔に
さそわれて　光の中に
子ら歩みゆく

信じられ願い託《たく》され
子らはゆく　いのち生かして
かぎりなき　未来に向かい
翼ひろげて

皆さま方も一人ひとりがお父さまに支えられ、そしてお母さまの温かい胸に抱かれて、今このように成長されて幸せに暮らしていらっしゃるわけですね。ありがたいことでございます。

皆神の子である

最近は、子供を虐待する親のことが報じられるようになりました。自分の子供がかわいくないというお母さんもいらっしゃるのですね。それで政府は、虐待されて保護された子への、親の面会や通信を制限したりする児童虐待防止法案というようなものを提出すると言っておりますが、そのような法案が通りましても、親と子の問題は決して解決しないわけです。生長の家の私たちが心をこめて、「皆神の子である」というみ教えを、もっともっと多くの方にお知らせするほかはないと思います。どうぞ、よろしくお願いいたします。（拍手）

ある時、ふとテレビをつけましたら、宗教の時間の途中のようで、相当年配の僧侶の方がお話になっていました。それを聞きましたら、「人間は罪深いものです」とおっしゃいます。「罪の深いのが人間だ、ということを知るのがとても大切なことです」と。インタビューの方が「ああ、そうですか。人間は罪深いものですか」と問われると、「そうです。人間は罪深いものです。そのことをよく知らなければいけません」と繰り返しおっしゃるのでした。「罪深いものだから南無阿弥陀仏を唱えなさい」ということのようでしたが、「罪深いものですよ」とあまり強調されるものですから私は全部聞きませんでした。

また昔のことですが、あるキリスト教の小学校の参観にいきましたとき丁度朝の礼拝が始まっていました。校長先生はとてもにこにこした感じのいい先生なのですが、「みなさん、人間はみんな罪人ですよ。私なんかは罪人の親分かもしれません」とおっしゃいました。私は本当に驚きました。生長の家は万教帰一を説いております。キリスト教も仏教も素晴らしい教えで、人間には神性《しんせい》があり、仏性《ぶっしょう》があるという素晴らしい真髄を説いています。けれども、このように人間は罪人だという説き方をなさる方があるのですね。

白鳩会の皆さまは「人間は神の子」という素晴らしい、明るい楽しいみ教えをいただいていらっしゃいまして幸せですね。生長の家では毎年、夏と冬には青少年練成会が行われて、子供たちがたくさん集まります。そして、それぞれの子供たちが、学校では教えてもらえなかった素晴らしいみ教えを得て、喜んでご家庭に帰っていきます。その子供たちは、その後、ご家庭でどのように過ごしていらっしゃるのかしら、と私は時々思います。その地域の先輩の方たちも、その子供たちを温かく導き、青年会に導いてあげて、日本の素晴らしい未来を築く青年に育てていただきたいと思います。

その青少年練成会の感想がいろいろあります。「君が代」の意味が分かったとか、浄心行が素晴らしかったとか、ときには神想観で足がしびれたとか（笑い）、いろいろありますが、一例をご紹介いたします。中学二年生の感想文です。

私は浄心行で、両親への不満などが消えてとてもスッキリして、学校の友達への怒り、憎しみ、悲しみの気持ちが一気に流れていった感じがしました。自然と涙が頬を流れていました。家庭訪問では、おじいさんが出てきて優しい言葉で世間話をして、最後に「頑張ってね」と言ってくれました。街頭伝道の時にも一所懸命配っていたら、車に乗っていた人が「何してるの?」と話かけてきてくれ、快くもらってくれました。本当に嬉しくて頑張ろうという気持ちになりました。私は、この三泊四日でまた成長できたと思いました。最近、イライラすることが多くて家族に迷惑をかけていました。この練成会に来て心身共に洗われ、自分が神の子なんだと思えるようになれました。この練成に友達を連れてきて、生長の家の良さを知ってもらい、一緒に活動したいと決意しました!!

苦しみを楽しみに

谷口雅春先生、谷口輝子先生は、生長の家を始める前、経済的なことを考えて、なかなか出発できないときがおありになりました。関東大震災で丸裸になって神戸へ帰られたお二人でしたが、その後、会社勤めをして少しずつ着物を作ったり、家具を買ったりしながら生活していらしたのです。そして、やっと貯まったと思うと、その時に泥棒が二回も入ったのです。しかし、それを「今起て」という神啓のように感じられて生長の家を始められたわけです。ですから、どんなに今の状態が無理だと思っても、苦しいと思っても、神様のご用をするということは素晴らしいことですので、決意して始めれば無限力が出てすべてが開かれていくのです。谷口雅春先生もお体が弱かったのですが、それまでの二倍のお仕事をしても、かえってお元気になられたのでした。

本日のテキストの『幸せへのパスポート』(谷口清超先生著)の「苦しみを楽しみに」という所を読ませていただきます。

人間は苦しいことがあっても、へこたれてはならない。平生《へいぜい》楽な生活ばかりを送っていると、身も心もダラケてしまう。雪がふったといって、炬燵《こたつ》にあたってじっとしていては、仕事もできないし、身体《からだ》も弱ってしまう。

そんな時、少しぐらい苦しくても、雪の中にとび出して作業すると、身体も丈夫になるし、仕事もはかどる。「雪」を決して苦難だと思うな。

「わがものと　思えば軽し　笠の雪」

というが、自分からすすんで「わがもの」とするとき、凡ての苦しみは、単なる苦悩ではなく、自分のための「訓練の道具」になるのである。

ある雪のふる寒い日、私は早朝本部へ行くために歩いて、いつも通る四つ角に出た。そこはいつも見なれた大通り（神宮前交叉点）だが、その日は特別美しく見えた。雪が一切のきたないものを蔽《おお》いかくしたからである。

「居ながらにして、北欧に行ったようだ」

と思いながら、赤信号が青信号に変るのを待っていた。この信号も、私が交叉点へ来た時丁度赤になったので、永い間待っていなければならない。寒い風の中で「待たされる」と思えば面白くないが、

「丁度よいぐあいに、雪景色をながめる時間が与えられた」

と思えば、すこしも永くはない。むしろ、短かすぎるくらいだ。私はその日、雪がふったので、いつもより早く家を出た。その時、
「どうして、今日は、早く出るんですか」
と家内はいぶかしがったが、雪がふるからと答えた。そうすれば、雪の日が一層気持よいし、途中で少々のおくれがあっても、いつもと同じころ目的地へつける。

いやなことがあったら、それを進んで「よいこと」に変えればよい。永い人生では、色々のことがある。それらすべてを「よいこと」に変える力が、吾々にはある。心が主人公であり、心に従ってどうにでも変って行くからである。

時間になりましたので、これで終わりにいたします。皆さま、どうぞ心をこめて光明化運動にお励みくださいませ。ありがとうございました。（拍手）

言葉は生きている

平成十四年・白鳩会全国大会での講話

ご皇室を頂く幸せ

皆さま、ありがとうございます。

ここに集まっていらっしゃいます白鳩会の皆さまは、本当に幸せな方でございますね（拍手）。「人間は神の子である」というこのみ教えをそのまま実生活に生かし、数々の愛行もお努めいただきまして感謝申し上げております。ありがとうございます。（拍手）

今年はとてもうれしい気持ちで新年を迎えることができました。昨年十二月一日に敬宮《としのみや》愛子内親王様がお生まれになりまして（拍手）、国民はこぞってお祝い申し上げましたね。初めて新聞に載りましたお写真を拝見いたしまして、まだお生まれになって間もなくですのに、このように美しい、品格のある方がいらっしゃるものかと大変感激いたしました（拍手）。私は二種類の新聞を購読しておりますが、それぞれの新聞に掲載されたお写真を切り抜いてスクラップブックに挟みました。そのまま新聞として粗末に扱っては本当に申し訳ないと思ったからです（拍手）。幾度もそのお写真を拝見しながら、本当にうれしくてたまりませんでした。

私は毎週日曜日に放送されているご皇室についてのテレビ番組をビデオに録画して、後で拝見しております。なぜ録画して拝見するかと申しますと、あの番組の放送時間は早朝の五時四十五分とか、六時半で、その時間、私宅では神想観をしたり、お参りをしたり、朝食の支度をしたりと忙しいため、毎週録画して、後で拝見しているのです。

そのビデオを拝見いたしますと、ご皇室の皆さまは常にご公務にお忙しく、また私たちが拝見できないお祭りなどもあり、日々、スケジュール通りに本当に誠実に心を込めてすべてのことをなさっておられることが分かります。時には、身障者の施設や老人ホームなどへいらっしゃいまして、膝をつかれて皆さまにいろいろとお声をおかけになるなど、慈《いつく》しみ深く皆さまを励ましていらっしゃるお姿を拝見しまして、本当にありがたく思います。私たちは日本の国の中心者として、天皇・皇后両陛下、皇太子・同妃両殿下を頂き、なんと平和で素晴らしい国かと、拝見するたびに、しみじみとありがたく思っております。（拍手）

夫と私はいつも二人で食事をしておりますが、私がよく「日本の国はありがたいですね。緑がいっぱいあって、岩ばかりのような砂漠ばかりのような国もありますし、また始終戦っている国では、一生涯、戦争しか知らないという国民もいるわけですから、ありがたいですね」と申しますと、主人は私の顔を見てニコッと笑って、「愛国者、恵美子」と言うのです（笑い）。「どうしてですか」と尋ねますと「いつもご皇室のテレビを見ているから」と言われました。

それでまた別の日、「今日は高知からブンタンが届きましたよ」とか、「デコポンが届きましたよ」とか言いまして、「日本の国は北から南までいろいろな果物が採れてありがたいですね。リンゴに、カキに、ミカンに、マンゴーなど、いろいろあってありがたいですね」と言いますと、主人はまたニコッと笑って「愛国者」って言います（笑い）。そういうことがありましてからは、私は「日本の国はありがたいですね」と言いながら、間髪を入れずに主人より早く「愛国者」と言ったりして、二人で笑ってしまうことが食事のときによくあります。（笑い）

ありがたい国、日本

数え切れないほどありがたいこの日本にいながら、さて、世の中はどうでしょうか。マスコミは、毎日のニュースで暗いことばかり繰り返し繰り返し申しております。「悪くなる」「悪くなる」ということを繰り返し聞いていますと、「本当にどうなるのかしら。日本の国はつまらないな」と思うようになる人も結構いらっしゃると思います。今の日本では、一年間に三万人もの自殺者があるということです、戦争もしていないこの国で。本当に信じられませんが、大変悲しいことだと思います。私たちはその中のだれかに声をかければ、その人が立ち直り、そして素晴らしい仕事をしていただけたのではないかと思いますと、力不足を感じ、すまないような気になります。

ずい分以前ですが、ある難民キャンプに日本人が訪ねて行きまして、まだ小さい少女に、「あなたは大きくなったら何になりたいの？」と尋ねたのですね。すると、その黒い瞳の少女は考えて、「わたし、生きていたいの」と言いました。私はこの言葉を時々思い出しています。人間としては、「生きていたい」というのは、本当に自然な望みなのですが、「何をしたい？」と言われても周りには何もありませんし、どんな大人になっていいのかも分からないという国の方がたくさんいらっしゃいますね。私たちはそういうことを思いましても、「日本はなんと幸せな国か」と思います。

ちょっと話が戻りますけれども、四月二日に、敬宮様がお生まれになりましてから初めての記者会見を雅子妃殿下がテレビでなさいました。皆さまもきっとご覧になったと思います。雅子様はそのとき、次のように話されました。

「（前略）初めて私の胸元に連れてこられる生まれたての子供の姿を見て、本当に『生まれてきてありがとう』という気持ちでいっぱいになりました」と涙ぐまれて、

「今でもその光景がはっきり目に焼き付いています」

と、おっしゃって言葉をちょっとつまらせられましたね。そのとき、皇太子様が思わず左手を雅子様にそっと添えられました。ほんの一瞬のことでしたけれども、なんとも言えない微笑ましい、温かさが伝わってまいりました（拍手）。皆さまもきっと感動なさったと思います。そして続いて、

「初めておなかのなかに小さな生命が宿って、はぐくまれて、時が満ちると持てるだけの力を持って誕生してくる。そして外の世界での営みを始めるということは、何て神秘的な素晴らしいことなのかということを実感しました。子供というのは生きるために、親に愛されるべくして、生まれてくるのだということ

とを強く感じました」

この短いお言葉の中に、人として母としての喜びがあふれておりました（拍手）。人として私たちが生まれたということは本当に神秘的なことで、今、生命科学などで「ヒトゲノム（ヒトの遺伝子情報）がほとんど解明できた」などと言っていますが、そのようなことが分かったとしても、人間が幸せになることはないのです。私の母は――つまり皆さまにとっての輝子先生ですが――若い時は病気をなさったり、いろいろなつらいことがおありでした。もちろんそのときはまだ生長の家ではありませんでした。お医者さまからも「あなたは子供は産めません」と言われたそうです。また八卦見《はっけみ》に見てもらっても、「あなたは子供ができない」と言われたのです。それで、もう子供はできないものだと思っていたのですが、そうしていますうちに、何となく胃の調子が悪いというのでお医者さまに診てもらいましたところが、「ご妊娠です」と言われたのですね（拍手）。それで母は、「子供ができるなんて思いもしなかったから、それを聞いて天にも昇る気持ちだったわ」と私に話してくれました。（拍手）

偉大な生命力

皆さまもご存じのように、私は詩を書いておりますが、『生長の家白鳩会』平成十四年一月号に載せました「紅《あか》い一輪」という詩は、一年ほど前に作ったものです。ちょうど私の部屋の前の庭を眺めたときのことです。暗いところにサザンカが植わっているのですが、今まで花が咲いたことはなかったのです。ところが、ふと見ますと小さな赤い一輪が見えてそのうれしさが詩になりました。

紅い一輪

咲かないものと
あきらめていた
日陰の

サザンカの木に
紅《くれない》の小さな
一輪を見つけた

このよろこびは
母が
わたしを妊《みごも》ったと
知ったときの
よろこびに
似ているかもしれない

サザンカの一輪と人の命とは比べものになりませんが、私はこの紅い一輪の花を見たときに、いつか母が申しました言葉を思い出して、とてもうれしく感謝いたしました。

尊いすべてのいのち

すべてのものの命、特に人間の命というものは大切なもので、すべての人が「生まれてきてありがとう」と言われ、また「生んでくれてありがとう」と言うような、そういう平和な、感謝に満ちた世の中になりますように、皆さまもしっかりと活動していただきたいと思います。

本日のテキストの『コトバは生きている』（谷口清超先生著）の「はしがき」には、このように書かれています。

世界中、どこの国の人でも、言葉を使って生きている。しかもその言葉が国ごとに異なっていて、国の中でも場所によって少しずつちがってくる。方言と言われ、それぞれ特徴があり、面白いものだ。その地方の雰囲気がよくあらわれているからである。

しかしコトバは口ばかりで言うのではない。目くばせとか、目礼《もくれい》といって、「目でものをいう」こともあるし、おじぎをしたり、握手をしたりするのもコトバである。時には涙を流して悲しい心を現すが、嬉しい時にも涙で表現する。さらに表情や態度や行動でもコトバを表す。

だからコトバは「身《しん》・口《く》・意《い》」の〝三業《さんごう》〟といって、全てをふくめて業となる。善業や悪業ともなり、全生活を支配するから、「コトバは生きている」と言えるであろう。

それ故「幸福な生活」を送ろうと思うなら、それをコトバで表現しなければならない。たとえば「ありがとう」というような、感謝のコトバが沢山出て来ないと、幸福は訪れてこない。人の欠点ばかりをとがめてくらすと、人はどうしても不幸になるし、グチばかり言って幸福になった人は、どこにもいないのである。（中略）

このようなコトバの力は、さらに動物や植物にも及んでいる。彼らも泣き声や行動でコトバを発し、お互いに交通し合ったり、時には争い合ったりする。人と動物や植物との間にもコトバが通じ合い、コトバは宇宙にもこだまし、地球や太陽のコトバが人間や動物にも波及して、春夏秋冬の気候風土となるのである。

とこのように書かれております。

私はいつか『生長の家青年会』（平成十三年五月号）に、「ありがとう」という詩を書きました。

ありがとう

今　言わなければ
ならない言葉
「ありがとう」

この次　言うつもりの

「ありがとう」は
あの人に
とどかないかもしれない

何べん言ってもよい
言葉
「ありがとう」

心の底から
感謝をこめて
「ありがとう」

先ほど拝読しましたテキストに、谷口清超先生が「人と動物や植物との間にもコトバが通じ合い」と書いておられますね。私は何かに誘われるようにふと出かけたところで花の命に触れ、感動したときに写真を撮ったり、スケッチをすることがあります。『生長の家青年会』に掲載した詩に、「水仙」というのがございます。

水仙

水仙の花を
写生していましたら
ふと
水仙が
しゃべりましたよ

それは
声ではなくて
ほのかな

香りで
「うれしいわ」とも
「ありがとう」とも
聞こえて
思わず
ほほえみました

次に、皆さまご存じの「朝日をうけて」という詩です。

朝日をうけて

庭に出ると
レンギョウの黄色が

朝日をうけて
輝いている

「あなたは
歓喜ね！」

思わず叫んだ
自分の声に
おどろいて
あたりを見まわし
ほっとして微笑む

私は、このときは自分でびっくりしました。朝日をうけて真っ黄色にレンギョウが輝いていたので、思わず「あなたは歓喜ね！」と言ってしまったのです（拍手）、そんなこと初めてなのですけれど。
そのように私たちは素晴らしい美しいものに囲まれておりますから、常に感動しながら、感謝しながら暮らしますと本当に楽しいですね。

お互いに喜び合って

それから以前に出しました「日曜日の夜」という詩は、よく日曜日にオーケストラのN響（NHK交響楽団）を聴くことがあり、それを聴いたときのことを書いたものです。

日曜日の夜

オーケストラの
心地よい響き

指揮者の
タクトに
呼吸を合わせ
数十人が弾く

地球の中の
すべての武器を

さまざまな楽器に
取り替えて
美しい音色を
楽しめばよいのに

いつもそう思う
くり返し同じことを

こういう思いで私は日曜日にN響を（拍手）聴いております。世界の現状はご覧の通りで、相手を敵と見れば、一人でも多く死ねばよろしいということになるのですが、「人間は皆神の子である」と拝み合うことを教える、この素晴らしい生長の家の教えを多くの方々にお知らせしたいと思います。

二、三日前に整理をしていましたら、ふと新聞の切り抜きが出てきました。大分前のものですので忘れていたのですが、平成十年九月二十五日付の『産経新聞』です。「心満たす言葉　子供に与えて」という読者からの投稿ですが、ちょっと読ませていただきます。「八代修子42　横浜市旭区」と書いてあります。

高校二年生を頭に、中学一年、小学五年と生意気盛りの子供三人を相手にイライラする毎日だが、ふと思い出すことがある。

小学五年の息子が一年のころ、二人で買い物帰りのことだった。「○○くんはいいな、一人っ子だから。おやつ全部食べられて。ぼくんちは三人だから、いつも三人で分けるので損しちゃう」とつぶやく。そこで私は「そうよね、でも家には宝物が三つもあるから、お母さんはとても幸せよ」。

それを聞いた息子は、家に着くまで無言だった。

買い物カゴを置いてソファで休んでいると、私の後ろから息子が「宝物が肩をもんであげよう」といってきて、何やらニヤニヤして満足した様子だったことを覚えている。

彼にとって〝宝物〟という言葉は、おやつよりも、うれしいものだったのだろうか。言葉一つで、子供の心は幸せにもなり傷つきもする。あれから数年たったが、私はどれだけ三人の子供たちに、心の空腹を満たす言葉を与えてやれただろうか、母は時折反省をしている。(主婦)

と書いてありました。素晴らしいですね。(拍手)

生長の家の方は、母親教室、誌友会で言葉の大切なことを、そして何よりも日本の国に生まれて幸せなことを、それぞれの家庭に生まれて幸せなことを感じておられると思いますので、「みんなが神の子である」というこのみ教えを心から信じて伝え、お互いに喜び合って、少しでも自殺するような人が減りますようにお仲間をどんどん増やしていっていただきたいと念願します。

ふだんから本当によく活動してくださいます白鳩会員の皆さま、ありがとうございます。今後ともよろしくお願いいたします。(拍手)

賞めて称えて

平成十五年・白鳩会全国大会での講話

皆さま、ありがとうございます。（拍手）

今年もまた、素晴らしい緑あふれる季節に、このように大勢の白鳩の皆さまがお集まりくださいました。ぎっしり後ろまでいっぱい入っていらっしゃいますね。皆さまの日々のご活躍に心から感謝いたします（拍手）。本当にありがとうございます。

大会の最初の「君が代」、そして聖歌の合唱では、一万五千人の方のお声がぴったり揃い、美しく響きまして私は大変感動いたしました（拍手）。ありがとうございます。

日本の中心者

今、世界は大変混とんとしておりまして、いつになったら〝和気あいあい〟とした「素晴らしい世界」が実現するのか、皆目見当がつかない状態でございます。そうした中で、私たちがこのように喜びあふれる感謝の日々を送ることができますことを心からうれしく思います。それは日本の中心者であられます天皇さまがしっかりと愛深く私たちを見守りくださり、日々真心を込めてお仕事をされ、お祈りくださっているからだと思わせていただき、心から感謝申し上げたいと思います。ありがとうございます。（拍手）

去る四月二十九日は昭和天皇のご生誕日でございました。現在は「みどりの日」ということになっておりますが、この日は昔から〝特異日〟と言われておりまして、いつもよいお天気になるのですね。先月の二十九日も、とても暖かく、太陽がさんさんと降り注ぐ日でした。

それで私は、どうしても皇居の東御苑に伺いたいと思いましてまいりました。その日、御苑は、風もなく、さわやかな若緑があふれていました。ここには、自然を愛され、どんな小さな草花も愛されておられました昭和天皇が、「自然のままの雑木林を造るように」とおっしゃった場所がありまして、木や草がそのまま生えているのですね。

その林の中を歩きましたら、名前は分かりませんが、黄色いキンランに似たようなお花が幾株か見つかりました。そしてさらに小さな、それこそ「雑草」などと言ってはすまないような、いろいろな草が生えていました。そこを私は昭和天皇さまの御心を思いつつ、歩かせていただきました。

その少し前の四月二十二日に、白鳩会の方が四日連続の皇居勤労奉仕に参加されました。初日には皇太子さまと雅子さまがお出ましくださいまして、最後の日には、天皇・皇后両陛下と紀宮さまがお出ましになりましたそうでございます。毎回「ありがとう」とお声をおかけくださるというお話は聞いておりましたが、この度は、団長さんになっている白鳩会の方が――そのようなことを申し上げることは全然考えてもいなかったそうですが――両陛下のお優しいお顔を拝見して、つい「生長の家では今、〝世界平和の祈り〟を行っております。そして環境問題を考えてＩＳＯ１４００１の認証も取得いたしました」というようなことをおっしゃったそうですが、天皇・皇后両陛下と紀宮さまはにこやかにお聞きくださったそうです。いつも皆さまは生長の家白鳩会の旗を持って行かれますので、天皇・皇后両陛下はよくご存じのようでございます。

そのようなことがございましたが、ノーベル賞を頂かれた小柴昌俊さんは、この間、叙勲されたとき、「勲章を頂くのもうれしいですが、また両陛下にお目にかかれるのがうれしいです」とおっしゃいました。両陛下は、そのようなノーベル賞を頂かれるような特殊な方ばかりでなくて、草を取ったり、いろいろなところを掃いたり拭いたりする、そういう奉仕団の方に対しても、いつも心を配られ、必ずお出ましになられるのですね。

そのことを見ましても、皇室の方がいかに国民と一つになり、国民の幸せを祈りながら日々お仕事をしていらっしゃるかがしみじみ分かり、ありがたいことでございます。ありがとうございます。（拍手）

日本は緑が多く、気候も温暖、水も豊富で幸せな国ですが、世界には貧しい国や日増しに砂漠化していくアフリカや中国のような国がたくさんあります。また地球の温暖化が進むと水没してしまう小さな国もあるのですね。私たちは、そのような国のことをつい忘れがちですが、地球環境のことを考え、本当に小さなことから日々実行していきたいと思います。子供たちは親の背を見て育っていきますから、私たちは、日々どのような生活をするか、どのような〝愛の心〟を持って生きていくかということを心がけていきたいと思います。

素晴らしい生命の誕生

私事になりますが、先日私どもにひ孫が生まれました。長女の長男夫婦の子供で、男の子でございます（拍手）。その子は、主人の実家（荒地家）を継いでくれる子になるわけですが、私は久しぶりに赤ちゃんを抱っこしました。

私には孫が十六人おりまして、その一番上の孫息子が結婚したわけです。一番下の孫は、今年高校一年になりましたから、久しく赤ちゃんを抱っこしたことがありませんでしたので、とてもうれしく、生後十日ぐらいの赤ちゃんを抱っこしました。じっと顔を見て、「ひいおばあちゃんよ」と言いました（笑い）。初めて言った言葉で、自分でもぴんとこなかったのですが、その赤ちゃんは、感慨深そうな顔をして、私の顔をじっと見つめておりました。小さいのに、何か考えているようなのですね。とても元気な子でございまして喜んでおります。（拍手）

私は知りませんでしたが、NHKテレビの「土曜オアシス」に「すてきに人生2002」という番組があり、あるとき偶然見ましたら、小澤征爾さんと娘さんの征良《せいら》さんが出演していらっしゃいました。皆さん、小澤征爾さんはご存じですね、オーケストラの指揮者（編注：現在、ウィーン国立歌劇場音楽監督）として世界的に有名な小澤征爾さんでございます。

その小澤さんが、生まれたばかりのご自分のお子さんを初めて見られたときに、「ああ、こんなことだったのか」と、そのときのことを思いだして涙ぐんでしまわれました。そして「音楽も、すべてのことも大したことはないんだ！」と思ったと。今まで音楽に没頭していらした方が、「そんな音楽のことはどうでもいい。この小さな命の誕生は人生で何よりも素晴らしいことだ」と思われたのですね（拍手）。そのように、二十年以上前を思い出して涙ぐまれる姿に私は感動いたしました。

ご存じかと思いますが、その時の長女征良さんは著書も出していらっしゃいますね。そしてその弟さんの征悦《ゆきよし》さんはこの頃、俳優としてテレビでご活躍ですね。

私はご存じの通り一人っ子でございまして、「十歳まで生きればよい」と言われたほど弱い子でございました。それで、当時、まだ父母は生長の家ではございませんでしたから、とても心配しながら私を育てていたわけです。私の主人も、たった一人のお姉さまが嫁がれましたから、一人っ子同士のような結婚でございました。そして、長女一家が主人の家を継ぎました。そして私たちは今、四人の子供と十六人の孫を頂くほどとなり、私たちは生長の家によって救われたわけです。ありがとうございます。（拍手）

私は毎月『白鳩』に、そして『生長の家白鳩会』と『生長の家青年会』に隔月で詩を書いておりますが、何となくふと思ったことをただ書いているだけなのですね。それで私は夫に、「詩人でもない私がこんなことをしていて……」と言いますと、夫は「詩を書いている人を詩人という」（笑い）と申されました。
それで皆さんもご存じですが、前に書きました詩をもう一度読ませていただきます。これは昨年二月号の『白鳩』に掲載したものです。

わたしの孫

孫は十六人とばかり
思い込んでいた
わたしは

孫息子に
いま嫁いできた女《ひと》が
十七番目の孫と
気付いて

思わずほほえみました
孫十六人の
誕生日を覚えている
わたしは
これから何人まで
覚えられるでしょうか

この〝新しい夫婦〟は一昨年の十一月二十三日、秋季大祭の後に生長の家総本山で結婚式を挙げさせていただきました。孫夫婦なのですから、そのお嫁さんはやっぱり孫なんですね。その孫十六人は、ちょうど男の子八人、女の子八人なのですが、その誕生日を全部覚えております。そのほか、四人の子供とその配偶者の誕生日もみな覚えております。それで「それ以上覚えられるかな」と思ったのですが、心配することは何もなかったのです。孫のお嫁さんの誕生日は三月三日のお雛祭りですから、すぐに覚えられましたし、ひ孫の誕生日は、四月八日のお釈迦様の誕生日の前日でございました。それですぐ覚えてしまいました。

神様の愛念に包まれて

先月四月の二十四日は、母の十五年祭が行われまして生長の家総本山にまいりました。総本山にはみどり豊かな山々、そしてはるかに見渡せる静かな海があり、このような素晴らしい広いところをどうして与えられたのかしらと、いつ行きましても感動して、本当にこれは神様の思《おぼ》し召《め》しとしか思えません。

ご存じのように生長の家は、谷口雅春先生が国を思い、人々の幸せを思いながら毎日、住吉神社にお参りされましたときに、神示を受けられて「現象はない、肉体はない。あるのはただ神のみ、実相のみ」という悟りを得られ、そのお悟りを多くの方々にお伝えしたいと思われ、昭和五年に『生長の家』誌を発行することによって始まりました。先ほども体験談の発表がありましたが、私のところにも、「生長の家がなかったら今ごろ私はどうなっていたでしょう」という感謝の言葉を書いた手紙が届くことがよくございます。

神様の素晴らしいご愛念に包まれている私たちは、今、この教えを多くの方に伝えて行く使命があると思います、「光一元」「善一元」「不老不死」という、本当に素晴らしいみ教えを教えられているわけですから。

本日のテキスト『神の国はどこにあるか』（谷口清超先生著）を読ませていただきます。一六二ページ、「人間の本心について」というところです。

光と影

この世の中には、光の部分と影の部分がある。言いかえると明るい所と暗い所であり、昼と夜の違いがあるということだ。しかしこの現実は人間の感覚器官を通して見るからそうなるのであって、「実在界」という「神の国」に光と影があるというわけではなく、善人と悪人とがいるという話でもない。即ち『甘露の法

雨』の「実在」の項には、

『実在はこれ永遠、実在はこれ病まず、実在はこれ老いず、実在はこれ死せず、この真理を知ることを道を知ると云う。実在は宇宙に満ちて欠けざるが故に道と云う。道は神と倶《とも》にあり、神こそ道なり、実在なり。実在を知り、実在に住《お》るものは、消滅を超越して常住円相なり』

と示されていて、神の国は光と影の交錯する世界ではないのである。善一元、光一元、不死不老の世界である。

この実在こそが実相であるから、人間も当然その実在に住る故に善であり、不滅である。そこで善を求め美を求め、真実を追求する。当然人間の良心は、善や美を探し求め、真理を求めてやまないのである。肉体人間もその実相の写しであるなら、吾々は老若男女を問わず良心的で、「善い所」を見るのが楽しく、それを誉め称えたいのである。

このように総裁先生は、「人間の本心は素晴らしいものである」とお説きくださっております。「善いところを見て誉める」といいますと、私が以前作りました詩があります。

美しくなる

一人一人は
それぞれ
絵になる
人ばかり

野に咲く
草花も
絵になる
ものばかり

神さまに
愛されているので
みんな
美しくて

ほめて
あげれば
なお
美しくなる

もちろん子供たちも、草花も誉めて愛念を込めて見つめ、そしてお世話させていただきますと、それぞれの神性が現われ素晴らしくなりますね。

一人ひとりの神性を拝み

続いて『神の国はどこにあるか』の十八ページの体験談を読ませていただきます。これは「子供は親の背を見て育つ」というお話の後に載っているものですが、「わかづくり」という小見出しがついています。

しかし又ある時は、口を使ってほめるのも、大変よい教育となり、子供ばかりではなく、周囲の大人たちも、全ての人々が教えられることがある。例えば平成十四年四月十四日に「富士河口湖練成道場」に出講した時のことだ。この日は前日からの天気予報は晴れを予告していたから、きっと富士山がクッキリ見えるだろうと思って出掛けたが、あいにく空がかすんでいて、晴れてはいても、富士山はぼんやりとしか拝めなかった。

その時に後藤久子さんという東京の方が、

〝家族練成会〟での体験を、次のように話された。この〝家族練成会〟なるものは、七年前から始まったそうだが、とても楽しい練成会で、二日目には家族で富士山にハイキングしたりするという。色いろと家族のかたがたの様子を外から見るのも勉強になる。その練成会の行事の中に、「ワカヅクリ」というのがある。私はこれを聞いて、「若作り」をして遊ぶのかと思ったが、そうではなくて「和歌作り」という。和歌を作って楽しむのだそうだ。そのような訳で久子さんは先ず自作の和歌二首を発表されたが、文字遣いは原作の通りでないかも知れない、〝聞き書き〟だから。

道場にて

讃嘆と祈りの波動満ちあふれ
今古里に帰る心地《ここち》す
目覚むれば子ら安らかに寝息たており
深きえにしにしみじみ感謝す

さて七年前、家族練成会が始まったころの久子さんは、和歌など作ったことがなかった。だから一つ作るのがやっとといった段階で、三日目の午前中に、作った和歌を宮本講師が皆の前で読んで発表してくださった。久子さんは我ながらヒドイ和歌だ、と思って出したのだが、その時宮本講師は彼女の和歌をとても誉めて下さった。

単にほめるのではなく「絶賛して下さった」という。これはスバラシイ和歌だね。スゴイネこれは！　新聞の歌壇に出したいような和歌だねーと。はじめはマサカ……と思っていたが、毎回のように誉めて下さっているうちに、だんだん〝和歌作り〟が好きになってきた。和歌が好きになったのは自分だけかと思っていると、隣で久子さんの夫（弘明さん）がセッセと和歌作りをしていた。そのご主人に、

「和歌が好きになりました」

というと、

「おれもだ」

と答えられた。そのような和歌作りの経験から、久子さんはとても大切なこ

とを学んだのである。

ほめること

それまで彼女は、家庭で子供を誉めるとか叱るとかと言うが、「ほめるのは、子供の才能を伸ばす方法だ」と思っていた。しかしそれは違うと気付いたのである。「ほめる」ということは、すぐれているとか、善いとか悪いとかという判断を超えた、その向こうの相手のいのちそのものを誉め称えることだと気付いたのだ。これはとても大切なことで、すべて〝手段〟は〝目的〟のために使われるが、〝目的〟の方が大切であるという気持がある。従って〝手段〟として「ほめている」時は、本心からほめているかどうか分からない。つまりそのコトバに心がこもっていないことが多い。そしてその気持が相手にも伝わるから、相手の反応は必ずしもよくない。ほめた効果が出ないのである。

これは「祈る」場合でも同様で、相手の健康を祈るのが、「病気を治すためだ」

というような場合には、〝手段〟として神や祈りを使っているから、病気がよくなると、もう祈りも神も仏も不用となってしまい、いつまでも信仰が本物にならない。すると又病気がぶり返したり、あるいはやがてもっと悪いことが起ってきて、「本当の信仰とは、そんなものではないよ」ということが教えられるのである。
だから「ほめる」のでも、「よくする」ための〝手段〟として使っては、かえってよくないことも出てくるし、「よくなった」のも一時的という事もありうる。そうではなくて、講師のかたは彼女の和歌の奥にある久子さんのいのちそのものを誉め称えて下さったのだと気付いた。そして大いに感動した。そして「生長の家」の教育は、そのいのちの本質のすばらしさを認めて、いのちそのものを生かす教育だと思うようになったのである。

そのように、誉める気持ちで日々暮らされますと、子供さんも素晴らしくなり、七年前にはじめてご主人を家族練成会にさそった時、

「休みの日くらい、休ませてくれよ」
と言ってしぶっておられたが、そのうち、
「うちの子供がよく育っているのは、おかあさんのおかげだね」

と、今まで聞いたこともないような感謝の言葉を言われるようになったということでございます。（拍手）

そして最後に一首、和歌を作っていらっしゃいます。

練成で学びし深き幸せを
いのちの限り伝えんとぞ思う

一人ひとりの素晴らしい神の子としての神性を礼拝し、誉めたたえつつ、〝小さな善いこと〟から始めてまいりましょう。そして多くの方が本当に幸せになりますように、皆さま、よろしくご活躍くださいませ。ありがとうございました。（拍手）

そのままの生活

平成十五年・青年会全国大会での講話

神の子の教えを伝えよう

皆さま、ありがとうございます。

今日の良き日に、大勢の生長の家青年会の皆さまが、このようにたくさんお集まりくださいまして、とてもうれしく、皆さまを心から祝福申し上げます。ありがとうございます。（拍手）

生長の家の聖経『甘露の法雨』に「神は人間の光源《ひかりのみなもと》にして／人間は神より出でたる光なり」とありますように、「一人ひとりが、素晴らしい、個性ある、美しい心を持った神の子である」と教えられており、その教えに触れて、今まで自分の尊さに気がつかなかった方たちが幸せになり光り輝いていらっしゃいます。

ずいぶん昔のことですが、ある小学校に見学に行かせていただいたことがありま す。その時、礼拝の時間に、校長先生が小学生の皆さんにお話になっていました。一番後ろで話を伺っていましたら、「皆さんは罪の子ですよ。私などは罪の子の親分かもしれません」と、にこにこした顔でおっしゃいましたのでびっくりいたしました。その方は、温厚なよい先生ですが、「人間は罪の子で、神の一人子であるキリストの教えを信じていくのが謙虚な生き方だ」と信じていらっしゃるのかと思いました。

皆さんは、「あなたは罪の子ですよ」と言われるのと、「あなたは素晴らしい神の子ですよ」と言われるのでは、どちらがうれしいでしょうか？　それは決まっておりますね。そして、どちらの言葉に生きがいを感じることができるでしょうか？

そのように「言葉の力」というものは、その人の一生をいろいろな意味で支配していくものだと思います。

今朝、出がけにラジオで事件のことを報じていました。どこで起きたことかよく分かりませんでしたが、三人の暴走族が中学生をオートバイの後ろに縛ったまま、一・五キロも走ってけがをさせたということでした。かわいそうに。その暴走族の人たちは、自分たちが神の子だとは思っていないのです。そう思っていたらそんなことはとてもできませんから。

そのように、「〝本当の自分〟は何なのか」ということを知らない人たちがたくさんいますね。ですから私たちは、一人でも多くの身近なお友達、近所の方々にこの「人間・神の子」のみ教えを伝えていきたいと思うのです。（拍手）

当たり前の生活

本日、テキストとしては、谷口清超先生の『神の国はどこにあるか』という本を使わせていただきます。九十九ページをお開きください。

あたり前をたのしむ

（前略）生長の家の信仰は、『自然流通の神示』（昭和八年一月二十五日）にある如く、

『「生長の家」は奇蹟を見せるところではない。「生長の家」は奇蹟を無くするところである。人間が健康になるのが何が奇蹟であるか。人間は本来健康なのであるから、健康になるのは自然であって奇蹟ではない。「生長の家」はすべての者に真理を悟らしめ、異常現象を無くし、当り前の人間に人類を帰らしめ、当り前のままで其《そ》の儘《まま》で喜べる人間にならしめる処《ところ》である。あらゆる人間の不幸は、当り前で喜べない為に起るものであることを知れ。』

とあることを確認しなくてはならない。だから当り前に生活することを「喜ぶ」のである。そして楽しむのだ。当り前に、花が咲いたらそれを見て人々は「美しい」とさんたんし、喜ぶだろう。カンカラ一つを拾ったら、「これで日本は（この町は）一つきれいになった」と喜べばよいのである。ところがカンカ

ラを一つ投げ捨てたら、その町は、そして日本国土はそれだけ汚れたことになる。だから、一つでも、二つでも拾う。それができないのは、体裁ぶって、「大きな仕事でないと恥ずかしい」などと思い上がるからだ。（中略）

それは決してむつかしいことではない。今・此処を生き、この身このまま神の子を信じ、神のみ心を生き、今やるべきことを、今やりましょうという「そのままの生活」に徹するのが「生長の家」である。だから聖経を読むのでも、そのまままっすぐに読めばよいのであって、変わった読み方をする必要はない。どこかの本にキセキ的なことが書いてあったとしても、それを信ずるか信じないかが問題だ。「生長の家」の聖経をそのままの心で読もう、毎日「神想観」をしよう、それが当り前だと知ることが大切である。

このようにお書きくださっております。

〝当たり前の生活〟をすれば、このままここが天国浄土となり、人々を皆神の子として礼拝することができます。毎日の神想観、聖経『甘露の法雨』の読誦、聖典の拝読、そして多くの方にこのみ教えを広めることこそがまさに〝当たり前〟の素晴らしい生活であり、それは少しもむずかしいことではないとお説きくださっているわけです。

東御苑にて

ところで話は変わりますが、先月の四月二十九日は——生長の家の皆さまはご存じだと思いますが——昭和天皇さまのご生誕日でございました。「みどりの日」と言われるようになって何年かたちますので分からない方もあるかもしれませんが、その日、私の家では門に日の丸を掲げました。ここ何年かは、孫たちが日の丸を掲げていたのですが、その三人の孫は、成長いたしまして一人二人三人と巣立っていってしまい、今年初めて孫がいなくなってしまいましたので、私の息子が日の丸を掲げたのです。その息子というのは、副総裁でございます。（拍手）

私はその日、東御苑にまいりました。東御苑は皆さんが自由にお入りになれる所で、そこには、「雑草などはない」とおっしゃって、皆さんが雑草と思って抜いてしまうような小さな草も大切に思われた昭和天皇さまがつくられた自然の雑木林があります。冬にまいりましたときは、全部落葉しておりまして、ただ枯れ木のようになっていましたが、この時は、それぞれ違った形をした美しい若葉が満ちあふれていました。昭和天皇さまの御心をしみじみと感じながらその中を歩きますと、初めて見かけた金色の花がございました。私は花の名前をいろいろ知っておりますが、それは初めて見たものでした。キンランに似たような葉の形をしていましたが、ちょっと違いました。その日は、そのようなところを歩かせていただいて帰ってきました。

生かされている

すべての生きとし生けるものは神様がお創りになって、それぞれが生かし合っているのが、この世界の本当の姿なのですね。私は毎日、夫と共に朝四時五十分に起きるのですが、今朝は四時に目が覚めてしまって、「青年大会では何をお話ししようかしら」などと思っているうちに、白々と夜が明けてまいりました。それから起きて、神想観をしまして台所へ行きました。

私はいつも朝、食事の支度をする時、ありがたくて感謝でいっぱいになるのです。まず、神様にお供えするお米を洗いますが、毎日のことなのに、そのお米を洗う時に、「ああ、ありがたい。これを作ってくださった方がいる。私が作ったのではないんだわ」と思うのです。そしてそれをお供えして、いろいろお野菜を出したりするわけですが、「これも私が作ったのではない」と思うわけです。

わが家の朝はパン食で、それもベジタリアンなものですから、お野菜ばかりいただくわけです。今朝は、残っておりました生シイタケとサヤエンドウをいため、それからブロッコリーとトマトのサラダという感じでした。シイタケを出すときに袋を見ますと、「岩手県産」と書いてありました。サヤエンドウとブロッコリーは、どこのものだったか忘れてしまいましたが、それぞれ皆さんが一所懸命作ってくださったものだと思いますと、いつもとても幸せを感じます。

朝食は二人でいただきますが、夫はいつも牛乳を沸かし、パンを焼いてくださるのです。私はおかずを用意しますが、今朝も、お庭のえさ台では、キジバトとスズメが来て待っていました。それにえさをやって、それから水槽のメダカにもえさをやりと、結構忙しいのですね。

朝出かける前に、そんなことをしてまいりましたが、日々、「生かされている」ということをしみじみと感じさせていただいております。

私たちの日常

私は、毎月詩を書いておりますが、ある時このような詩を書きました。お食事をしていた時に思ったことです。

小さいお魚

「こんなに
小さな

お魚の赤ちゃんを
食べてもいいのかな」

ごはんの上にのせた
チリメンジャコ

わたしの家の水槽に
泳いでいる小さな
メダカの子と
同じくらいなのに

何か食べなければ
生きてゆかれない
哀しさが心をよぎり

そっと
合掌して
いただきます

私たちは毎日いろいろなものの命を頂き、こうして生かしていただいております。先ほども読みましたように、夫は缶から一つを拾っても、「日本がきれいになる」「世界がきれいになる」とおっしゃっています。皆さんご存じと思いますが、先生は落ちている缶からを見つけるとそれを拾っていらっしゃいます。朝、頂きましたパンの袋が空くと、その袋を持っていかれて、その中へ空き缶を入れてちゃんとしたところに捨てられるのですね。それが近ごろは、そのパンの袋があまり減らず、持っていかれないので、「どうしてですか?」と伺うと、「このごろはあまり缶からが落ちてない」とおっしゃいました。(拍手)

私たちが住んでいる所は、東京・渋谷の表参道の近くで、ここ何年かは、日曜日に時々、表参道の町内会の皆さんがお掃除をされることがあるので、そういうことも影響していると思います。

先生は毎日、朝夕と昼に、家と生長の家本部を二往復していらっしゃいますが、先生が缶からを入れた袋を持って歩いていらっしゃると町の人が、「あっ、それは私が捨てておきましょう」とおっしゃることもあるそうです。もう皆さんがご存じなようで（拍手）、手伝おうとなさるんですね。

先生は、もっと若い時は車で通っていらしたのに、今は歩いて通っていられるわけですから、よほど若くなられたのではないでしょうか（拍手）。今は、地球環境のことも考えて車に乗らない。健康にもいいですからね。地方で生活していらっしゃって、車がなければどうにもならないという方は止むを得ませんが、やたらに車を乗り回すというのはやっぱり良くないと思います。

さて、そのように先生の生活は何もかも〝当たり前〟で自然です。本部へ通い、そこで原稿を書いていらっしゃる。皆さま、ご存じのように毎月六本の原稿を書いていらっしゃいます。普及誌『白鳩』『光の泉』『理想世界』『理想世界ジュニア版』にそれぞれ一本と機関誌に二本お書きになっており、そのほか団体参拝練成会や本部直轄の練成道場でのご指導もなさっておられます。

今八十三歳でいらっしゃいますが、家では毎日読書をしておられます。英字新聞も読んだり、英語のテレビも視聴されていらっしゃる。最近は、この本の表紙となっているお写真も、新しく買われたデジタルカメラで撮影されております。それに近ごろは、原稿もパソコンを使って書かれています。本部は木曜日がお休みですので、その前の日には、いつもリュックにパソコンを入れ、かついで歩いて帰っていらっしゃいます。ちょっと重いのですが持って帰られて、お休みの日もずっと家で原稿を書いていらっしゃいます。その無限力には、私も本当に感心しているのです。（拍手）

谷口雅春先生は、生長の家を始められました時から、「朝の時間を生かせ」とおっしゃっており、それが生長の家の生活です。朝早く起きて神想観をし、昼はしっかり勉強したりお仕事をしたりして、夜は暗くなれば休む――これが神様が創られた人間が生活していくための基本だと思います。

現在は、いろいろと事情が変わりまして、夜中にもテレビやラジオの放送がありますし、皆さんが夜遅くまで電気を使って暮らしている時代ですね。しかし、地球環境のことを思いますと、そのような不自然なことはやはりよくないと思います。人間には体内時計があり、朝起きて、昼は仕事をし、夜は眠るというようにできているのですね。それが自然なのです。「当たり前の生活」を心がけないと、地球環境にも悪い影響を及ぼすと思います。

日本は緑が多く、雨も多くて、温暖で、本当に素晴らしい国ですね。アフリカや中国などでは、森林を伐採したために、どんどん砂漠化が進んでいます。私たちは直接そういう場面を見ることがあまりないので、なんとなく〝よその話〟のように思いがちですが、私たちの日々の生活が世界の人々の生活に影響を及ぼしているということをいつも考え、〝小さな善いこと〟をしていきたいと思います。（拍手）

最近、うれしいことがありました。私たちに初めてひ孫が生まれました（拍手）。一昨年、生長の家総本山で行われた秋季大祭が終わりました十一月二十三日に、総本山で結婚式を挙げさせていただきました夫婦に生まれたのですが、二人共青年会で活躍している素晴らしい私の孫夫婦で、本当にありがたいことです。ありがとうございます。（拍手）

私たちには、四人の子供とその配偶者と十六人の孫がおります（拍手）。孫は男の子が八人、女の子が八人です。今度、子供が生まれたのは、その一番上の孫夫婦の子供です。

いつか詩に書きましたが、私は十六人の孫の誕生日を全部覚えております（拍手）。今度、結婚して嫁いできたお嫁さんは十七番目の孫だと気がついて、とてもうれしかったのです。しかし、「私はこれからどれだけ皆の誕生日が覚えられるかしら」とも思ったのですが、心配することは全然なかったのです。そのお嫁さんの誕生日は三月三日のお雛祭りですし、今度生まれたひ孫は四月八日のお釈迦様の誕生日の前日でしたのですぐに覚えてしまいました。

そのまま行じる

先ほども言いましたが、私たちは朝は早く起きて神想観をして、そして夜はまた神想観をして休んでいます。これは谷口雅春先生が日々実行なさっていたことで、それを清超先生もいつもいつも実行なさっているわけです。

昔、清超先生が海外へいらっしゃいました時、お供しましたが、ブラジルは日本との時差が十二時間あるものですから、こちらが昼の十二時だと向こうは夜中の十二時なのですね。それでも清超先生は、その土地の時刻に時計を合わせ朝五時にぱっと起きて神想観をなさっていました。私など、「今は夜の何時？」とか、つい言いたくなったのですが（笑い）……。

そのように、清超先生はそのまま教えを行じてこられたわけです。

私は先日このような詩を書きました。

自然の中で

うつくしいものも
みにくいものも

しだいに
かたちがうすれ

すべてをゆるし
うけいれて
日はくれてゆく

よるは
星たちの世界

ライトアップを
しないで
おやすみなさい

皆さまも、夜、いろいろ楽しいことがおありでしょうが、どうぞ、神様が創られた自然を考えながら、生活をしていただきたいと思います。そしてたくさんの方々に日々、「人間は神の子である」というみ教えをお伝えくださいますよう、心からお願い申し上げます。ありがとうございました。（拍手）

自然の声を聞きつつ

平成十六年・白鳩会全国大会での講話

四冊目の写真集を出版

皆さま、ありがとうございます。（拍手）

今年もまたこのようにたくさんの白鳩会員の皆さまが、遠い所からまた近い所からも大勢集まっていただきましてありがとうございます。（拍手）

私は一年に一度、この日本武道館で行われます白鳩大会で皆さまにお目にかかるのですが、年に一度という感じがいたしません。それはなぜかと申しますと、皆さまご存じのように、私は白鳩会の機関誌『生長の家白鳩会』に毎月、口絵写真を出させていただき、また隔月で詩を書いております（拍手）。そのほか普及誌『白鳩』にも毎月、詩を書かせていただいておりまして、それらを通しまして、皆さまが私の気持ちを何となくご存じのような気がするものですから（拍手）、何かとても親しい気持ちでおります。

私は、昨年十月十日に満八十歳になりました（拍手）。自分でもまだ信じられないような気持ちですけれど、時には年齢らしいことも感じられますので、時々周りから「転ばないように」「すべらないように」などと言われたりしながら、ちょっとつまずいたりしております。（笑い）

そして昨年、傘寿《さんじゅ》の記念として詩集『心の散歩道』の第二集を出版させていただきました。ところが、さらに出版元が「写真集も出したい」というので、「今、詩集を出版したばかりなのに？」と少し驚きましたが、そのようなチャンスを与えていただきましたので、「それではそうしましょう」と思いまして、この度の全国大会に間に合うように写真集『四季のうた』を出すことにいたしました（拍手）。写真集としては四冊目になります。

振り返りますとあっという間に年月が過ぎて、前の写真集を出しましてからもう五、六年もたっているのですね。

写真集の出版に際しては、以前から写しておきました写真などをいろいろ広げたり、調べたりしながら、とても楽しく作らせていただきましたので、きっと皆さまにも楽しんでご覧いただけるのではないかなと思っております。（拍手）

それで、出版されたばかりの写真集を早速、女学校時代のお友達にお送りしましたら、お電話をくださって、「毎日ゆっくり見ているのよ。あの写真集は恵美ちゃんそのものって感じね」と言われました（笑い、拍手）。その友達とは五年間同じクラスでしたが、女学校を卒業してから六十年もたちまして、その後は年に一度クラス会で会うぐらいなのですね。それでも、そのような感想を言ってくださいました。（拍手）

いのちの営みに感動

私は常日ごろ、春、夏、秋、冬と素晴らしい変化のある〝美しい日本〟に生を受けましたことを心から感謝しております（拍手）。そして、私はそういう美しい自然を見るのが大好きですので、何となく家の近くを散歩したりしております。旅をするということはほとんどありませんが、東京に住んでおりますので、近くの明治神宮や新宿御苑、そして上野の不忍池などを歩いたりします。また家の庭にも緑が多いものですから、いろいろなお花が咲き、そこにまたチョウチョウが来たり昆虫たちがいまして、楽しいことが沢山ございます。そのような光景を見たりしながら、その感動の一瞬一瞬を詩にしたり、写真に写したりして、「ああ、どれも人間がつくったものではなく、神様がおつくりになったもので、本当にそれぞれが生かし合っている」ということを、いつも感歎しながら眺めています。

写真を写しますときは、本当に秒読みのようなこともあります。ピントを合わすと必ずと言っていいぐらいに風が吹くのです。そして、また風は必ず止むのですね。その一瞬にシャッターを切ります。

そのようなことで、常に自然のいのちに感動しながらお仕事をさせていただいております。

私は、機関誌と普及誌による両軸体制がスタートしました平成元年から、どういうわけか口絵写真と詩を機関誌と普及誌に発表することになったのですが、今考えましたら、それから十五年もたっていまして、「よくまあこんなに続けられるなあ」と思います。母がまだ健在でしたとき、そのころは小さい判型だった『白鳩』（旧版）の表紙にお花の写真を載せておりましたが、母が「よくまあ、毎月写すものがあるのね」と言っていたことを思い出します。

毎月、毎月、そのときどきの季節の花などを十五年間写してきたわけで、なんとなく十五年がたったという感じですが、私が出かけると、必ず写すべきものが向こうから声をかけてくれるような気がするのです。（拍手）

今度出版しました写真集は前回に出した写真集と同じ大きさですが、既に口絵写真として発表したものの中で、どうしても掲載したいと思った写真十三点と未発表の写真三十点を載せています。

最初のページにはシラサギの写真が載っていますが、このときは明治神宮の内苑に何となく出かけました。花の季節でもなく、落ち葉を踏む音だけが聞こえるような季節でした。そこには広い池がございましてスイレンもあるのですが、スイレンの花もなく、「何も写すものがないわ」と思って帰ろうとしましたら、その広い池の向こうの森の中から真っ白な鳥がこちらに向かって一直線に飛んできたのです。「何かしら?」と思う間もなく、すぐそばの松の木に止まりました。二メートルくらい先のところに止まったのです。本当にビックリしてしまいました。そうしましたら、そのシラサギは横を向いたまま、いつまでもじっとしていました。それで私はうれしくなって、早速カメラのピントを合わせて二枚写しました。それでもシラサギはまだじっとしていまして、「もう写しましたか?」という感じでした。(笑い)

木に止まっていますから翼を広げた様子は分かりませんでしたが、初めて間近からシラサギをよく見ましたら、やわらかく細い羽の先が本当にきれいでした。それについては写真集をご覧くださいませ。

そのようなことで、私はすべてのものが神様の声、仏様の声のように感じられます。

「山川の教典」

今日は谷口清超先生の『美しく生きよう』の「山川の教典」というところを読ませていただきます。六十三ページです。

仏典には「色即是空」と説かれているように、「現象は本来ない」のである。ないけれども、千変万化して現れている。これを「空即是色」という。ないのにどうして「あらわれる」か、と訊く人もいるが、「あらわれる」という場合は、必ずその現象を受取る「受像者」がいる。「満月が現れた」と言っても、それを鑑賞する者がいない場合は、ないのとおなじである。そもそも「現象」とはこちらがわの受像者の認識であって、それは決して絶対的なものではないのである。

つまり同じ「月」を見ても、見る者によって色々変化して感受される。雲を通して見る人は「曇った月」と見るし、近眼の人が眼鏡なしで見れば、ボーッとみえる。又蛙が見たら、人間のように「美しい月」には見えないはずだ。犬が見ても、人間ほどには見ていないのである。さらに又人によっても夫々「見えかた」が違うし、日によっては欠けて見えたり、三日月に見えたりする。

このように「千変万化する」ということは、それらの現象が、すべてその通りにあるということではなく、ある「実在」が色々に変化して見えている、つまり「現象は実在ではない」ということである。

しからば「実在の月」は如何というと、これを「実相の月」ともいうが、実に完全円満な「仏の国の月」である。それはもはや「物質の月」ではないのであって、言わば「霊性の月」である。いや、月ばかりではなく、太陽も星も、地球も、またその上の山川草木、ことごとくが「仏性」のそれである。これを釈尊は、「山川草木国土悉皆成仏」といわれたとされている。即ち山川草木は〝仏の現成〟である。仏がそこに鳴り響いているのだ。「仏性の山川草木」が今吾々には「地上の山川草木」と見えているのである。

従って吾々が五感に引掛からなければ、「仏性の山川草木」が感得される。つまり地上の山川を見て、「ここに仏がまします」と言うことができるのである。それは物質を仏と錯覚しているのではなく、「もの」にあらざる「仏」を観ている言葉である。それは丁度吾々が父の写真を見て、「お父さん、お早うございます」と挨拶しているようなものだ。あるいは又その写真を知人がみて、「これはどなたですか」と聞く時、「これはわたしの父です」と答えるようなものである。

この場合「写真そのものが彼の父だ」と錯覚するものは、余程の愚か者であり、本当の父はこの写真とは別の世界にいると言うことを皆知っている。知っていながら、「これが父です」と言い、「なるほど貴方にそっくりですね」などと言う。

かくの如くして、人は現象を通して実相をみるのである。見るばかりではなく、その声をきき、心をしる。それ故、山川草木が仏の声を伝えてくれ、説法をする。こうして現象界の森羅万象は、法を説くところの一大「経典」と見做《みな》されるのである。

（同書六十三〜六十六ページ）

とこのようにお書きになり、「すべてのものが一体である」と教えてくださっています。

自然を大切に生きたい

写真集『四季のうた』には、富士山の写真があります。これも口絵写真として発表したものなのでご存知と思いますが、この写真は、四月二十四日の母の命日に長崎へ行く途中、飛行機の窓から写したものでございます。この時、非常に感動しましたので、『白鳩』（平成十二年十月号）に詩を書きました。「去りゆくものは」という題の詩です。

「左手の窓に
富士山が見えます」
乗務員の声に

窓の外を見る

「あっ　富士山」
大いそぎでカメラに
フィルムを入れる

富士山は　すでに
真正面に来ている
シャッターを押す

富士山は
後方に去ってゆく
もう一度
シャッターを押す

ほっとしたとき
去りゆくものは
わたしだと気付く

このような詩でございます。（拍手）

私は富士山が大好きです。日本の宝だと思っております。ですから富士山と聞いただけで、この詩のように身を乗り出してしまうのですね。それでこの時は、「あゝ、富士山が行ってしまった」と思ったのですが、ふと気付くと、「あゝ、富士山はじっとしていたのだったわ（笑い）。去って行ったのは私だった」と気づいたのです。それで私たちが「あの人は去って行った」と思えるようなことがあっても、そのような時は自分の心が離れているのかもしれないし、「あの人が悪い」と思っても、「そうでないこともあるのではないかな」ということを思ったりもしました。

ところで、その富士山を写した写真を見て、ちょっと悲しくなりました。富士山に傷がついているように見えたからです。それはフィルムの傷ではなくて、くねくねと細い筋が何本もあるのは、人間がつけた傷跡なのです。それは人が登るためにつけた道路なのでした。私は「霊峰富士は仰ぎ見るもの」と思っているものですから悲しくなったのです。

「素晴らしい富士山に登りたい」と思う方も、時々登っている方もたくさんいらっしゃいますが、ただ登るだけではなくていろいろなゴミをおいてきたりする人もいるものですから、山が汚されているのです。それで、この美しい富士山はまだ世界遺産に登録されないそうです。今は心ある方達が清掃作業をしていらっしゃることも聞いております。私たちは本当に大自然を大切にしていきたいと心から思います。（拍手）

次に谷口清超先生の『一番大切なもの』の二〇八ページを読ませていただきます。

　即ち〝真の幸福〟は金もうけでもなく、名誉を得ることでもなく、有名になることでもない。神性・仏性を現し、真・善・美を現成《げんじょう》することである。〝真の幸福〟は一時逃れの嘘やゴマカシでは決して得られない。丁度いくらニセ札を作って預貯金額をふやしてみても、それで「幸福だ」ということにはならないようなものである。真の「幸福」は、自己の良心に忠実であり、ウソ、ゴマカシ、インチキはやらず、少しでも人々のためになることをして得られる。その行為は目立たなくてもよいし、人に知られなくてもよい。山奥に咲く草木の花のように、枯れて散るまで、一人の人も見てくれなくてもよい。ただ花には、蜜を吸いに来る虫がいるし、樹液を吸う虫もいるだろう。彼らが喜び、生きながらえるし、そしてついでに彼らは果実が実る手伝いをしてくれるのだ。

こうしていつしか諸々《もろもろ》の花は大地を美しく彩《いろど》り、樹木は繁茂し麓の町の人々の生活用水をたくわえ、川に流れ出た水は下流にコケやカビや堆肥や虫を送り、さらに海に出ては魚介類を養い育ててくれるのである。海の魚や貝は、知らず知らずのうちに、山奥の樹木（ことに広葉樹）によって育てられるので、「魚つき保安林」というものもある。このように現象界は、必ず因果律によって、善因が善果を生み、悪因が悪果を招くものである。その善因はどんなに小さくてもよい。それらが集まり合えば、丁度山奥の樹木の葉や根が生み出した栄養分のように、多くの魚介を育て、海水を浄化する。しかも〝報酬〟は何も求めず、称讃をも求めてはいないのである。

今まで人類はエネルギー資源として、多くの樹木を切り倒したり、その化石化した石炭や石油を掘り出し、それを血眼になって奪い合って来た。しかしこれからの地球には、「きれいな水」が最高の資源と見なされる時代が来るのである。イラクばかりではなく、地球は次第に水不足を告げて来つつあるからだ。

このようにお書きになっておりますが、地球全体からみますと日本は山が多く、木が多く、水も豊かな大変幸せな国だと思います。その自然の声を聞きながら、感謝しながら、私たちが何をすればよいかということを考えながら日々を暮らしていきたいと思います。

最近、変わったこと

ところで話は変わりますが、昨年生まれました曾孫《ひまご》は今年四月に満一歳になりました。とても元気な男の子でございます（拍手）。そばで暮らしておりませんので、たまにしか会えませんが、この前に来ました時には、何かをたたいてみると音がするのがおもしろくていろいろなものをたたいていました。そんなにいろいろなものをたたかれても困りますから（笑い）、私が抱っこしてピアノの前に腰掛けてピアノを弾いてあげました。そうしたらその時は、全然たたいたりせず、じっとして聞いてくれました。それからまた一カ月たって来た時は、だいぶ進歩したというか、変わったというか、今度は自分でピアノを弾きたくて仕方がなくなっていました。曾孫を久しぶりに抱っこしてみて、「一歳の子ってこんなに重かったのか」と思いました。それは私が年を取ったからかもしれないですね（笑い）。そういうことがありまして、私はそれからバスや電車に乗ったとき、赤ちゃんを抱いている方に席を譲るようになりまし

た。（拍手）

私の家にはもう何年も前から車がございません。夫は以前、お迎えの車で家と本部を往復しておりましたけれども、八十歳を過ぎてからは毎日朝、昼、夕方に歩いて通っています。そして「健康にいいし、排気ガスを出さなくていい」と言いますので（拍手）、私もそれに従っております（拍手）。それでバスや電車や地下鉄に乗りますが、バスの場合は〝シルバーパス〟というのを使っています。（笑い）

渋谷から私の家まではバス停で二つ目ですが、ある時、渋谷からの帰りにバスに乗りましたら優先席が空いておりまして、どうせすぐに降りるのだからと思いながら、その優先席に座ってみました。それまでは座ったことがなかったのです。すると、発車の間際に赤ちゃんを抱いたお母さんが大きな荷物を持って大急ぎで乗ってこられました。それを見て私は、さっと立ち上がったのです。私の隣には、六十歳か七十歳か分かりませんが外国のご婦人が座っていて、その方もふっと腰をあげたのですね。でも私の方が一瞬、早かった（笑い）。それでそのお母さんには、私の席に座ってもらいました。そのお母さんは、うれしそうに何遍も会釈をしていらっしゃいました。

当たり前のことをしたわけですけれども、そのように私も変わりました。

時にはタクシーに乗ることもあります。この間、ちょっと膝を痛めていた時、電車を乗り継ぐと四十分ほどかかるところですが、タクシーだと十五分ほどでいけますのでタクシーを利用しました。運転手さんに「東京は便利だし、私はほとんど車に乗らない」という話をしましたら、運転手さんが、「そうですよ。こんな便利な交通網がある東京で車なんていらないですよ」と言うのです、タクシーの運転手さんが。私はおかしくなってしまいました。そのように日々楽しく元気に暮らしております。（拍手）

多くの方々にみ教えを

私は、先ほど申しましたように機関誌と普及誌による両軸体制になった時、「何か書いてください」と言われました。それまでも随想をときどき書いていましたが、何となく母のことを思い出し、「母」という詩を書きました。もう十五年前のことですから、ご存じない方もいらっしゃいますでしょう。最初に出しました『心の散歩道』という詩集には掲載されています。それが私の初めて書いた詩なのですね。その「母」という詩を読ませていただきます。母は父のことをいつも「お父さま」と言っておりました。

母

母は何かを決めるとき
父にいつも相談して
「おとうさまが　そうおっしゃるから」
と云いながら
自分の持論であるかのように
満足気な顔をする
たまには違った意見も

あるはずなのに
「おとうさまのおっしゃることは間違いない」
と納得する

たまには好きなものを
食べればよいのに
いつの間にか
おとうさまの好きなものが
母の好きなものとなって

おとうさまと暮した
六十五年に満足して
ほほえんでいる

このような詩です（拍手）。今は、男女平等だとか男女共同参画だとか、いろいろなことが言われておりますが、私はやっぱり家庭の中心はお父さままでいらっしゃると思います。（拍手）

皆さまも生長の家のみ教えに触れられたその幸せを多くの方にお伝えしていただき、本当に豊かで愛深い家庭をつくり素晴らしい日本になるように努力していただきたいと思います。今はいろいろなロボットができて、人の代わりをしたりします。それは便利なものもあるでしょうが、人の優しさとか、喜びを感じなくなる世の中になると大変だと思います。最近の新聞で、赤ちゃんの泣き声分析機ができたという記事を読みました。「この泣き声はお腹が空いた」「今の声はおしっこがしたい」「この泣き声は眠たい」などと分析できるらしいのですが、そのようなことに頼る世の中になりましたら大変だと思います。お母さんは子供を抱きしめ、その命の声を聞いてほしいと思います。すべての人は神の子であり、花も木も鳥も虫も、神様に生かされているという実感を持ちながら感謝の生活を送ることができますように、多くの方々にみ教えをお伝えいただきたいと心からお願い申し上げます。ありがとうございました。（拍手）

朝の時間を生かして

平成十六年・青年会全国大会での講話

朝の時間を生かして

皆さま、ありがとうございます。（拍手）

今年もまた、このように大勢の青年の方たちが全国大会にお集まりくださいまして本当にうれしく、皆さまの日ごろのご活躍に心から感謝するとともに、本日の大会の開催を心からお喜び申し上げます。ようこそいらっしゃいました（拍手）。ありがとうございます。

いつもこの五月の若葉の美しい時に青年会の大会がございまして、皆さまの若々しく素晴らしいお顔を拝見し、私もとてもうれしくて若返ったような気持ちにさせていただいております。（拍手）

実は私は、昨年の誕生日十月十日で満八十歳になりました（拍手）。皆さまから見ればいいおばあさまの年ですね。でも私は日々、とても楽しくいろいろなお仕事をさせていただき、年を忘れていることもございますが、また時には「年らしい」と思うこともある毎日を過ごしています。

生長の家が始まったころ

生長の家が始まりましたのは私が小学校二年生の時でございました。それまで両親も私もとても体が弱く、私は「十歳まで生きればいいだろう」と言われるような子供でした。そのような私が、今まで元気に過ごさせていただきましたのも生長の家のおかげでございます。両親も若い時にいろいろな苦労をいたしまして、体も丈夫ではなかったものですから、父は心配しまして、「もし僕が死んだら妻や子供はどうしていくのだろう。生命保険に入っておけば僕が死んでもなんとか暮らしていけるかもしれない」と思いまして、生命保険に入ることにしたそうです。しかし、当時は生命保険に入るための検診が今より厳しくて、検診の結果、「あなたのような体の弱い方は加入できません」と断られてしまいました。保険会社も、いつ死ぬかもしれないような人を保険に入れては会社の損になりますから入れてもらえませんでした。そのように体の弱い父でございました。

以前、そのような話を父はしながら、「だから僕はもう死なないことにしたんだよ」と冗談めいて私に言ったことがございます（拍手）。その父は生長の家のみ教えによって九十一歳まで生きまして天寿をまっとういたしました。（拍手）

生長の家が始まるころの社会は非常に貧しくて、たくさんの失業者もあり、病気になったり、不幸だったりする方がたくさんいらっしゃいました。それで父は毎日、朝五時に起きて銭湯で身を清め、近くの住吉神社にお参りしまして、日本の国の安泰と人々の幸せを祈り続けていました。その時に、「人間は完全円満な神の子である。病もない、苦しみもない、死もない」という神啓を受けました。その時の喜びは、例えようがないほどのものだったようでございます。

それまで父は、どうしたらこの世の中がもっと明るくなり、幸せな人が増えるかと祈り続けておりましたから、神啓を受けて歓喜しまして、「その悟りを苦しんでいる人たちに伝えたい」という熱意のもと、夫婦二人が心をそろえて、素晴らしいお悟りを表現した雑誌を発刊なさったわけですね。それが昭和五年三月一日付の『生長の家』創刊号一千部だったのです。そのようにして生長の家は神様の御心を受けて始まりました。

その当時、父はまだ会社――神戸にあるヴァキューム・オイル・カンパニー――に勤めており、翻訳の仕事をしていました。毎日勤めを終えて夜の八時くらいに家に帰ってから原稿を書き、印刷所にもっていって、校正をし、できあがったら発送するということを夫婦二人で始めました。それが生長の家の始まりでございます（拍手）。そのように夫婦二人がぴったりと一つの心になって仕事をしましたら、なんでも素晴らしくうまくいくわけですね。（拍手）

皆さまご存じのように、現在、生長の家は日本だけでなくて、世界各地に広がり、「人間神の子」の教えが心から喜ばれて、皆さまが幸せになっていらっしゃいます。ブラジルでは、もともとカソリックの方が多いものですから、「人間は罪の子」と信じている方が大勢いらっしゃいますが、生長の家のみ教えに触れて、「人間は神の子ですよ」と教えられると、皆さん、びっくりなさるのです。ブラジルの人たちは素直なので、みるみるうちに生長の家に触れた喜びが伝わっていき、皆さんもご存知のように、たくさんの方々が喜んで生長の家の運動をしてくださっております。学校の教育現場でも、「生長の家は素晴らしい」というので生長の家の教えを取り入れていらっしゃるわけで、ブラジルでは、日本よりずっと学校の教育に生長の家が役立っているのです。

死なないいのち

今日のテキストになっています谷口清超先生のご本『美しく生きよう』の「人間の成熟」というところを読ませていただきます。

すべての人間は「神の子」であるから、「神」である。猿の子が猿で、犬の子が犬であるようなものだ。そこで昔の日本人は、人を神としてお祭り申し上げた。その直観力の偉大さには頭が下る。外国のように、誰かさんだけを神にしたり、仏にしたてたのではない。皆、神々である。神々のむれつどう国、それが本当の日本（高天原《たかあまはら》）であると考えた。

従って、人間は死なないのである。神さまが、死ぬはずはないからだ。そして日本人は、人間が死ぬのを「お隠《かく》れになる」といった。それは消え去るのではなくて、どこかへ隠れてしまったのだから、「見えなくなる」という意味だ。見えなくなっても、無くなるのではない。隠れただけという考え方で、どこかに生きている。人間は生き続ける神さまなのである。

しかし勿論《もちろん》肉体は死んでしまう。これは誰でも知る通りであって、誰一人うたがう者はいない。あいつは信仰深いから、彼の肉体は死なないで、三千年たっても、まだ生きている、というような例はない。あったら、「すばらしい」かというと、そんなこともない。さぞそれは古めかしく、小さくて、皺がよっていて、きたないだろう。そんな肉体を、今でも使っていてはとても不便であり、色々の変化にとんだ生活ができないから、人間は肉体をとりかえて、時々捨て去るのだ。それはセミの幼虫が、地からはい上って殻を脱ぎ捨てるようなものである。セミは一回しか脱皮しないが、人間は何回でも肉体という殻を脱ぎ捨て、よりすばらしい「神の子」をあらわし出して行く。その殻の脱ぎすてが、肉体の死である。

それ故、宗教を、この肉体を長く保存するためのものと思ってはならない。人は時々、死にかかった病人を宗教の現場に連れてきて、「治してくれ」というが、そんなことは、宗教本来の役目ではなく、それは病院の役目だ。ところが、病院で見はなされた病人を、宗教の現場に連れて来る人がある。これは、肉体を死なないようにするのが、人間の幸福だと思いちがえているからであろう。

人間の本当の幸福は、人間そのものは死なない「神の子」であり、「神」なのであり、「仏」なのだと、ハッキリ知ることである。肉体はその殻のようなものであるから、適当な時が来れば脱ぎかえる。だから、いくらそれにさからっても無駄なのである。

だが時期が来ないのに、早めに脱ぎかえると、殻の下の人間の心が、まだ充分目ざめておらず、「早すぎる」ということもあるから、何もあわてて死ぬ必要はない。

（同書四十三〜四十六ページ）

とおっしゃっています。

先ほども、肉親の方が自殺なさって大変なショックを受けられたという悲しい体験が話されましたが、日本では、年に三万人もの方が自殺しているのです。そのような話を伺いますと、「死んでしまったらすべておしまいだ」と思いこんでいる人がまだまだたくさんいらっしゃるからだと思います。そのような人たちに、「本当の人間は死なないいのちであり、人のために善いことを続け、感謝の毎日を送っていれば、素晴らしい幸福な世界が現れてくる」という生長の家の教えを多くの人にお伝えしていただきたいと思います。

写真集『四季のうた』

私は少女時代からお花が大好きでした。それできれいなお花をいろいろ写真に写しておりました。それが『花とあそぶ』という最初の写真集になりましたが、その後も自宅の庭や、時々出かける明治神宮や新宿御苑、上野の不忍池などでいろいろ写し、白鳩会の機関誌の口絵写真に載せていただいております。今はそういうことを通して、お花だけではなくて、樹木も鳥も虫もすべてのものが神のいのちであり、神様に生かされているということ、そしてお互いがお互いに助け合っているということをしみじみと感じております。

私の家の周りの家では大木を切ってしまって高いマンションが並ぶようになってしまいましたが、まだ私の家には緑が残っております。いろいろな花が咲くたびにカメラのピントを合わせておりますと、必ずと言っていいくらいに花にふさわしい虫がいるのですね。不思議なくらいにそれぞれ違う虫がおります。クモなどは「嫌い」という方が多いようですが、ハナグモと言って透明で五ミリくらいの小さくてきれいなクモが花の中にいることがあります。

そのような、その時その時の、一瞬の感動を写した写真を集めて、傘寿の記念に写真集を作らせていただきました。『四季のうた』という写真集です。これには、これまで口絵写真として使った中からどうしても入れたい十三点と未発表の写真三十点が収録されています。その一枚一枚の写真についてお話ししたらきりがないくらいですが、それぞれ私がその時に感動した一瞬の作品でございます。ちょっと言葉も添えてございますので、ぜひ若い方にも見ていただきたいと思います。（拍手）

その中に、「子育て中の庭のヒヨドリ」（同書十五ページ）という言葉を添えた写真があります。これは、私の家の二階のベランダのそばの大名竹《だいみょうちく》がいっぱい生えている所に作られた巣です。そこで三年ほど前にヒヨドリが子育てをしました。これはちょっと暗くて写真としてはよくないのですが、かわいい口を開けているところが写っています。ヒヨドリの様子を見ていますと、真剣にオスとメスが代わりばんこに卵を温め、そしてえさを取ってくるのです。すべての生き物はそのように命を大切にして、精一杯生きているということを感じます。

白鳩会の方たちが「口絵写真や詩を毎月楽しみにしています」とおっしゃいますが、今まで写真も詩も習ったことがないものですから、詩を書いても、「こんなのでいいのかしら？」と思うこともあるのです。それでいつも私は、「これを載せよう」と決めましたら、夫に見せています。いつも神想観をする時間に、机の上に原稿をおいておくのです。そうすると主人が見てくれまして、口絵の方はともかく、詩の場合は、たまに「最後のこの三行はいらないんじゃないか」とか言ってくださいます。そして時々、詩の題が決まらなくて題を書かないままおいておきますと、題を書いてくださるのです。それがまたとってもすてきな題なのです（拍手）。そのようにまだなにか自立しないで（笑い）、主人を頼りにしています。

カメラをもって出かけますと、よく二人連れの方などから、「ちょっと写してください」と言われ、皆さんが持っている小さなカメラで写してあげることがあります。この前、新宿御苑の八重桜が咲きかけたころに一人でまいりました。私は、人があまりいないときに自然の素晴らしい雰囲気を楽しむのが何よりと思いまして、いつも朝早く行きます。そうしましたら、お池のそばの橋のたもとに際だって大きな桜があり、満開になってちょっと散りかけておりました。そしてお池を見ますと、お皿のようなスイレンの葉がたくさん浮かんでおりまして、その葉の上にも桜の花びらがくっついていました。そして風が吹くたびに、散った桜の花びらが丸い葉の間をゆっくりと流れていくのです。それで私はそれを写真に写したりしました。そして立ち上がりますと一人の青年が近づいてきてカメラを差し出して、「僕と桜を写してください」とおっしゃったのです。私は「おやっ」と思いました。そのようなせりふは今まで青年から聞いたことがなかったからです。そのような楽しいこともありました。

そして、またおばあさまを車いすに乗せた中年の方――お嫁さんか娘さんか分かりませんが――が車いすを押してその桜のところにきて小さなカメラでおばあさまを写していらしたので、私は思わず、「写しましょうか?」と声をかけました。そうするととても喜ばれて、おばあさまと並ばれたところを写してあげました。それは〝写ルンです〟とかいうカメラのようで、私はそういう軽いカメラだと手ぶれしないかと思っていつもちょっと心配するのですが、そういうときは「よく写っていればいいな」

と思いながら写してあげるのですね。

また以前、靖国神社へ行きました時は、三人づれの男の方から「ちょっと写してください」と頼まれました。あそこには大きな鳥居がありまして、「あの鳥居を入れて写してください」（笑い）などと注文されたこともあります。そのようなことをしながら、「何かお役に立てばいいな」と思っております。

地球のことを思って

次に、テキスト『一番大切なもの』（谷口清超先生著）の二〇八ページを読ませていただきます。

即ち〝真の幸福〟は金もうけでもなく、名誉を得ることでもなく、有名になることでもない。神性・仏性を現し、真・善・美を現成《げんじょう》することである。〝真の幸福〟は一時逃れの嘘やゴマカシでは決して得られない。丁度いくらニセ札を作って預貯金額をふやしてみても、それで「幸福だ」ということにはならないようなものである。真の「幸福」は、自己の良心に忠実であり、ウソ、ゴマカシ、インチキはやらず、少しでも人々のためになることをして得られる。その行為は目立たなくてもよいし、人に知られなくてもよい。山奥に咲く草木の花のように、枯れて散るまで、一人の人も見てくれなくてもよい。ただ花には、蜜を吸いに来る虫がいるし、樹液を吸う虫もいるだろう。彼らが喜び、生きながらえるし、そしてついでに彼らは果実が実る手伝いをしてくれるのだ。

こうしていつしか諸々《もろもろ》の花は大地を美しく彩《いろど》り、樹木は繁茂し麓の町の人々の生活用水をたくわえ、川に流れ出た水は下流にコケやカビや堆肥や虫を送り、さらに海に出ては魚介類を養い育ててくれるのである。海の魚や貝は、知らず知らずのうちに、山奥の樹木（ことに広葉樹）によって育てられるので、「魚つき保安林」というものもある。このように現象界は、必ず因果律によって、善因が善果を生み、悪因が悪果を招くものである。その善因はどんなに小さくてもよい。それらが集まり合えば、丁度山奥の樹木の葉や根が生み出した栄養分のように、多くの魚介を育て、海水を浄化する。しかも〝報酬〟は何も求めず、称讃をも求めてはいないのである。

今まで人類はエネルギー資源として、多くの樹木を切り倒したり、その化石化した石炭や石油を掘り出し、それを血眼になって奪い合って来た。しかしこれからの地球には、「きれいな水」が最高の資源と見なされる時代が来るのである。イラクばかりではなく、地球は次第に水不足を告げて来つつあるからだ。

このようにお書きになっております。善いことをすればよい結果が出るわけですね。

最近は、地球環境を考えて「こうすればいい、ああすればいい」という提案がいろいろなされていますが、「それでは私は一体何をすればいいのか」と思いましても、常に「物は物にあらず神様のいのちの現れである」という教えを父母からも夫からも受けており、ふだんから出来るだけのことはしていますので、今急にこうしたらいいということもあまり思い浮かびません。今、水が大切だという話が出てきましたが、私の家では、雨どいの下を切りましてそこにバケツを置き、それとは別に大きなポリバケツを三つ並べまして、雨が降るとその水をバケツに受けてはポリバケツにいっぱい貯めるのです。そしてそれを植木にやったりしています。

以前、ブラジルに行きました時、「本当に水は大切だ」ということを実感したことがありました。ブラジルで食事をする時、「お飲物は何がいいですか?」と聞かれました。ブラジルには、コカコーラのようなガラナという飲み物がありますが、「それでいいですか?」とおっしゃるものですから、「お水でいいです」と言ってしまったのです。お水はタダだと思っていたものですから。そしたらお水もガラナも同じ値段でした。水の豊かな日本にいましたのでそういうことを知りませんでした。ブラジルでは、お風呂にも続けて入れるような状態ではありませんでした。それで家に帰りましてからは、「飲める水で雑巾を洗うなんてもったいない」と思うようになり、それからは、ずっと何十年も雨水を大切に使っております。(拍手)

いろいろ工夫しますと、することは本当にいっぱいあるのです。「地球環境、地球環境」と言いながら、深夜放送などを見たり、聞いたりするために、夜、電気をつけっぱなしにして生活することを何とも思わない日本人が増えていますね。

先ほども申しましたように、私が小学校二年生の時に生長の家が始まりまして、小さな自宅で誌友会が始まり、父は毎日毎日、訪ねてくる方に神想観をお教えし、お話をしておりました。その時から、私の家では朝の五時に起きており、その時間に神想観をするということが何十年も続いております。

東京に引っ越しましてからは、家で毎朝九時から誌友会をしておりました。父母は朝五時に起きて神想観をし、家中全部、朝食前にお掃除をしてしまい、九時になっていっぱいいらっしゃる誌友をお迎えするわけです。そういう生活をずっとしておりましたから、私は一度も午前六時まで寝ていたということがありません。谷口雅春先生が五時十分から神想観をしていらしたのでそれにならい、その前に雨戸を開けたりするのですが、このごろ私たちは何となく動きが鈍くなりましたから、「もうちょっと早く起きよう」と主人が申しまして、今は四時五十分に起きております（拍手）。そして神想観をして、それからちょっと食事の支度をして、六時半には隣に住んでいます息子夫婦も来て神棚にお参りし、ご先祖さまに聖経『甘露の法雨』や『真理の吟

唱』『天使の言葉』を読みます。息子夫婦も朝夕きちんと神想観をしております。（拍手）

昭和五年に創刊された『生長の家』に何と書いてあるかといいますと、「朝の時間を大切にせよ」とあります。それは書かれているだけでなく、私たちもそれをずっと続けております（拍手）。皆さまもぜひ、すがすがしい朝に起きて、夜は電気をつけっぱなしにしないで、冷暖房をあまりつけないで、地球環境のことを思って暮らしていただきたいと心からお願い申し上げます。（拍手）

『生長の家青年会』（平成十六年五月号）に載せました「あさ」という詩を紹介します。朝、皆さまはどのような目覚めをなさっているのでしょうか。

あさ

朝　目覚めて
カーテンを引き

朝の時間を生かして

ガラス戸を開け
雨戸をひらく

三つの動作ごとに
今朝への
期待がひろがる

目覚めかけた
空は　うっすら青く
明るい希望を
秘めている

私の家では、カーテン、ガラス戸、雨戸と三つあって、それらを開けてから空を眺めています。この詩は、今よりも少し早い時期に、やっと空が薄青くなった時、ふと思って書いたものですが、真冬ですとまだ真っ暗ですね。時々、星が出ていたり、三日月が出ていたりしてとても素晴らしいのです。そのかわり夜は電気を消して早く休ましていただきます。夜明けは希望に満ちていて、毎朝「さあ、今日はよいことがある」という気持ちで起きて一日を始めるのです。

若い皆さまにできないことはないと思いますので（拍手）、『生長の家』創刊号に書かれています「朝の時間を生かせ」ということを、ぜひ実行していただきたいと思います。

今日はこれで私の話を終わらせていただきます。ありがとうございます。（拍手）

すべてのものは美《うつく》しい〈生長の家白鳩会創立七〇年記念出版〉

平成一七年 四 月 五 日 初版発行

著 者 谷口恵美子（たにぐち えみこ）

発行者 岸 重人
発行所 株式会社 日本教文社
東京都港区赤坂九―六―四四 〒一〇七―八六七四
電 話 〇三（三四〇一）九一一一（代表）
〇三（三四〇一）九一一四（編集）
FAX 〇三（三四〇一）九一一八（編集）
〇三（三四〇一）九一三九（営業）

頒布所 財団法人 世界聖典普及協会
東京都港区赤坂九―六―三三 〒一〇七―八六九一
電 話 〇三（三四〇三）一五〇一（代表）
振替 〇〇一一〇―七―一二〇五四九

印刷所
製本所 光明社

ISBN4-531-05247-1